U0582177

农产品品牌管理

赵晓玲 编著

黑龙江科学技术出版社

图书在版编目（CIP）数据

农产品品牌管理 / 赵晓玲编著 . -- 哈尔滨：黑龙
江科学技术出版社，2022.7（2023.1 重印）
ISBN 978-7-5719-1458-5

Ⅰ. ①农… Ⅱ. ①赵… Ⅲ. ①农产品—品牌战略—研
究—中国 Ⅳ. ① F326.5

中国版本图书馆 CIP 数据核字 (2022) 第 101562 号

农产品品牌管理

NONGCHANPIN PINPAI GUANLI

作　　者	赵晓玲	
责任编辑	陈元长	
封面设计	邓姗姗	
出　　版	黑龙江科学技术出版社	

地址：哈尔滨市南岗区公安街 70-2 号　　邮编：150007
电话：（0451）53642106　传真：（0451）53642143
网址：www.lkcbs.cn

发　　行	全国新华书店
印　　刷	三河市元兴印务有限公司
开　　本	710mm×1000mm　1/16
印　　张	11
字　　数	163 千字
版　　次	2022 年 7 月第 1 版
印　　次	2023 年 1 月第 2 次印刷
书　　号	ISBN 978-7-5719-1458-5
定　　价	45.00 元

目 录

第一章　农产品品牌管理概述

第一章 口腔检查与诊断

农产品品牌管理是农业实现标准化、组织化、产业化的需要，是传统农业转型升级的必然选择，是联系农业生产与农产品市场的桥梁，是将农产品的产品优势、资源优势转化为商品优势、市场优势，从而获得良好的经济效益的直接途径。

第一节　品牌与农产品品牌概述

一、品牌的含义

（一）品牌的产生与发展

我国比较完备的品牌最早出现在宋朝。宋朝时，山东济南的刘家针铺以"白兔"命名其生产的产品——细针。"白兔"为其产品品牌，"刘家针铺"为其公司品牌，开我国品牌之先河。而欧洲较为完备的品牌出现在中世纪，品牌的英文为"brand"，源自古挪威文"brandr"，意思是"灼烧"。人们用这种方式标记家畜等私有财产。手工艺匠人用这种"打烙印"的方法在自己的手工艺品上打上标记，以便顾客识别产品的生产地和生产者。在产生之初，品牌的主要作用是方便顾客区别、识别产品。这就产生了最初的商标，生产者以此为消费者提供担保，同时也是生产者获得法律保护的依据。在这一时期，食品、日用品的品牌较多，制造商多数沿用祖传秘方。例如，在16世纪早期，威士忌酒的生产商将威士忌装入烙有生产者名字的木桶中，以防不法商人偷梁换柱；1835年，苏格兰的酿酒者开始使用"Old Smuggler"这一品牌，以维护采用特殊蒸馏程序酿制的酒品的质量和声誉。随着制造业的发展，品牌得以在服装、轻工产品中应用。随着生产力的发展与文明的进步，品牌在社会和经济领域中的重要意义得到了更加广泛的关注，美学、心理学、社会学等因素被引入品牌的创制之中，品牌也因此更加丰富多彩，并渗透到社会生活的方方面面。而在当今社会，商品经济迅猛发展，现代资本主义拥有着高度发达的生产力，造就了频繁的商品交易，也引发了激烈的市场竞争。这种竞争使得品牌在商品经营者那里"身价倍增"。品牌成为生产经营中必不可少的竞争手段，品牌的选择、设计、创制及其在经营过程中的推广和应用成为公司营销战略策划的重要内容。

（二）品牌的含义

在《牛津大辞典》中，品牌被解释为"用来证明所有权，作为质量的标志或其他用途"。随着时间的推移，商业竞争格局及零售业的形态不断地发生变化，品牌所承载的含义也越来越丰富，甚至形成了专门的研究领域——品牌学。

品牌是一个集合概念，包括品牌名称和品牌标识两个部分。品牌名称，即"品名"，是指品牌中可以用语言表述的部分，如康师傅方便面、完达山牛奶、七河源大米。品牌标识，即"品标"，是指品牌中可以被认出、易于记忆，但是不能用言语称呼的部分，通常由图案、符号或特殊颜色等构成。例如，无论在哪种品类的康师傅方便面的包装袋上，都有一个头戴白帽、憨态可掬的"康师傅"图案和黑色的"康师傅"汉字。

品牌是可以为其所有者带来溢价、产生增值的无形资产，增值的源泉是消费者对于品牌的印象。就其实质来说，品牌代表着经营者对其产品的特征、利益和服务的承诺。久负盛名的品牌是优秀的产品质量的体现，也是产品具有丰富的市场信息和内涵的表现。品牌的含义与品牌的属性息息相关。

（1）文化象征。品牌化的组织具有极高的文化属性、浓厚的人文气息及鲜明的文化特征。

（2）用户暗示。品牌具有个性特征，这种个性的塑造往往给人以丰富的想象空间，使其易于被消费者识别和喜爱。品牌化在品牌与消费者之间架起沟通的桥梁，品牌特征实际上是对目标消费者发出的暗示，可以起到刺激、吸引和引领目标消费者自觉践约的作用。

（3）价值体现。企业的品牌化使产品的价值外显，并易于产品价值信息的传播，品牌化的产品或服务也是消费者价值、地位与名望的象征。

（4）属性特征。品牌化使相关产品或服务具备某种属性特征，这种属性特征借助品牌名称和标识传播给目标受众。例如，农夫山泉品牌的广告语"农夫山泉有点甜"，能够使人感受到农夫山泉矿泉水优良的天然水质。

（5）利益保障。经营组织的品牌化使其具备了两种优势：一是产品品质；二是品牌形象。品牌既是消费者价值的象征，又是消费者利益的保障。

（三）品牌的特征

1.品牌的专有性

如前文所述，品牌是用以识别同类产品或服务的标识。品牌所有者经过法律程序的认定，享有品牌的专有权，即有权要求其他企业或个人不得仿冒、伪造本品牌。这体现了品牌的专有性。在市场日益同质化的今天，拥有专有品牌无疑是塑造产品差异的捷径。

2.品牌是企业的无形资产

品牌所有者可以利用品牌的市场开拓力、形象扩张力、资本内蓄力不断发展，使自身获取利益，这种利益是超出产品或服务本身利益的价值，是不能像物质资产那样以实物的形式存在的价值，但这种价值能使企业的资产迅速增加，并且可以作为商品在市场上进行交易。这就是无形资产。

作为无形资产，品牌的价值可以被量化，而且品牌可以以商品的形式上市交易，如以品牌入股的形式组建企业、以品牌的号召实现特许经营、加盟名牌企业等。

3.品牌价值的风险性和不确定性

品牌创立后，在其传播的过程中，由于市场的不断变化，品牌的潜在价值可能很大，也可能很小。有时品牌可以使产品获得很高的附加值；有时则由于技术或经营服务的竞争力不强，产品未能保持质量更好、性能更新、成本更低，使企业原有的品牌迅速贬值。这种风险性与不确定性导致了品牌资产评估的复杂性。

4.品牌的标志性

品牌是企业的无形资产，不具有独立实体，并且不占有空间，但是其产生的原始目的是让人们通过一个比较容易记忆的形式记住某一产品或企业。因此，品牌需要通过物质载体表现自己，使自身有形化。品牌的直接载体主要是文字、图案和符号等，间接载体主要包括产品质量、产品服务、知名度、美誉度、市场占有率等。没有物质载体，品牌就无法表现出来，更不可能达到整体传播的效果。优秀的品牌在载体方面的表现较为突出，如"可口可乐"的文字、红色波浪图案及相应的包装能让人产生联想，最终达到特殊的效果。

（四）品牌的作用

1.品牌对于企业的作用

第一，有助于树立企业形象。品牌标识以简洁、形象、易读、易记的特点使其产品和企业广为人知。好的品牌能够使企业提高知名度和美誉度，是企业促销产品、提高市场占有率的基础。品牌对于企业的生存和发展来说至关重要，在很大程度上已经成为企业营销战略乃至整个企业的核心。

第二，有助于保护企业自身的合法权益。品牌一经注册，其所有者便获得了商标专用权，其他未经许可的企业和个人不得仿造、假冒，否则视为侵权。可见，品牌为保护商标、维护企业的合法权益奠定了基础。

第三，有助于企业实现自律。品牌是一把双刃剑，品牌由于其易于消费者认知和记忆的特点而成为企业传播信息和扩大宣传的载体。一方面，好的品牌因其上乘的质量和良好的服务吸引了众多消费者，提高了自身的知名度和美誉度；另一方面，如果企业管理不善，产品质量或服务一旦出现问题，消费者或退避三舍，或群起而攻之。可见，品牌对企业的市场行为起着约束作用，督促企业着眼于企业长远利益、消费者利益和社会利益，加强自律，规范自己的行为。

第四，有助于企业降低成本。赢得一个新客户所花的成本是保持一个既有客户成本的6倍。而品牌可以通过使顾客养成品牌偏好，有效降低宣传和开发新产品的成本。

此外，品牌还具有企业实施市场细分战略、增强企业竞争力、保持顾客对于品牌的忠诚度、为企业赢得竞争资本等作用。

2.品牌对于消费者的作用

第一，有助于消费者选购商品。竞争使同类商品的趋同化日益严重，科技的进步提高了制造商的模仿能力。对消费者来说，同类商品之间的差别越来越不明显。因为品牌代表了不同的生产者、产品质量，所以消费者可以借助品牌识别某个销售者的产品或服务。

第二，有助于维护消费者的利益。一方面，生产者为了维护自身的形象和信誉，极力保持品牌产品质量的同一化，也因此获得了持续稳定的优质产品利益；另一方面，品牌是企业产品的身份证，产品一旦出现问题，追根溯源，产品的生产者有着无法推卸的责任，也正是出于这一点，消费者购买品牌产品时才买得放心。

第三，有助于展现消费者的个性。品牌经过多年的发展，积累了独特的个性和丰富的内涵，消费者可以通过购买与自己的个性气质相符合的品牌来展现自我，品牌产品既满足了消费者的基本使用需要，也使其价值观、个性得以展现。

此外，品牌有利于消费者选购商品，降低购买风险；有利于维系市场运行秩序、发展市场经济。

二、农产品品牌及其分类

根据品牌的含义可以推出农产品品牌的含义。所谓农产品品牌，是指农业生产者或经营者在其农产品或农业服务项目上使用的、用以区别其他同类和类似农产品或农业服务项目的名称及其标志。简言之，农产品品牌是区别不同农产品或农业服务项目的名称与标志。

随着我国农产品短缺时代的结束和买方市场的形成，很多农业企业开始实行农产品品牌管理。农产品品牌按照不同的分类标准可以分为以下几种。

（一）按品牌所有者类型划分

按品牌的实际拥有者可将品牌划分为以下五类。一是产品生产者所有，即农民或农户所有，如各种养鸡场就有自己的品牌。二是产品加工企业所有，即农产品加工企业创造的品牌。这类品牌占农产品品牌的绝大多数。三是产品经销者所有，即批发或零售农产品的组织创造的品牌。从目前情况看，从事农产品销售的企业类型主要为行业协会与农民的生产合作社，此外还有一些个体、私营的企业，如黑龙江省绥化市的寒地黑土绿色物产协会。行业协会与生产合作社所拥有的品牌以集体品牌或证明品牌为主，当然也有自己独立的品牌。四是政府部门或下属组织所有。政府部门为了促进经济发展可能直接对某些证明商标进行推广，如我国政府对绿色食品的推广。五是共同所有，可能上述几个组织机构共同拥有某个品牌。

（二）按品牌所有者数量划分

按品牌所有者数量划分可以将农产品品牌分为独有品牌和共享品牌。独有品牌是只属于某个特定企业或企业集团。共享品牌是属于部分企业与个人所共有品牌，主要是指集体品牌（证明品牌），如寒地黑土（集体品牌）和绿色食品（证明品牌）。

（三）按品牌运作范围划分

按品牌运作的范围可以将品牌分为三类。一是区域品牌，指仅在某个地区销售的品牌，如某省 20 % 的品牌都只在省内甚至县内销售，是典型的区域品牌。二是国内品牌，指那些在全国范围内销售的品牌，某省近 50 % 的品牌在全国销售。三是国际品牌，指在世界范围内销售的品牌，某省约 30 % 的品牌在国际上销售。

三、农产品品牌管理及其特征

农产品品牌管理是指农产品经营者根据市场需求、当地资源及产品特性，为自己的产品设计一个富有个性化的品牌，并取得商标权，实行企业管理，使品牌在经营过程中不断得到消费者的认可，树立品牌形象，扩大市场占有率，实现经营目标的一系列活动。

农产品品牌具有一般商品品牌的共性：作为一种产品内在信息的识别标志，品牌便于消费者区别同类同质产品，是有价值的无形资产，为提高品牌产品的知名度和美誉度，提高产品的市场竞争能力，品牌所有者自觉保持产品质量。由于其生产过程的特殊性，农产品品牌管理具有其他产品品牌经营不具备的特征。

（一）农产品品牌形象的特殊性

工业品品牌一般表现为某个特定的名称或形象，主要是以商标为代表的自创标识。农产品除了具有上述自创性的品牌形象外，还包括国家认证标志，如无公害产品、绿色食品及有机食品等称号（简称"三品"），以及原产地标志（2005 年后改为地理标志）等共有品牌。

有机农产品是指根据各国有机农业生产要求和相应的标准生产，通过独立的认证机构认证的，获准使用有机食品标志的农产品。我国的有机食品标志由国家环保总局有机食品发展中心负责认证。由于农产品本身具有生物属性，获得上述质量认证，能够使消费者产生认同感。因此，由各级各类组织建立的无公害产品、绿色食品以及有机食品等称号本身就是一种安全优质的农产品品牌形象，为该产品带来了热销和厚利。农产品生产受到自然条件的制约，不同区域的地理环境、土质、湿度、日照等自然条件的差异，直接影响着农产品的品质。因此，地域优质农产品是一种良好的品牌概念。我国按照国际惯例对原产地产品实行注册保护。

地理标志产品是指产自特定地域，所具有的质量、声誉或其他特性本质上取决于该产地的自然因素和人文因素，经国家质量监督检验检疫总局审核批准，以地理名称进行命名的产品。龙井茶、绍兴酒、吐鲁番葡萄、廉江红橙等产品都获得了原产地产品保护。地理保护标志属于国际通行的地理标志的一种，欧美等国禁止无原产地标志的食品及农产品进口。

（二）农产品品牌主体的特殊性

品牌是生产商的无形资产，具有专有性。一般工业品品牌由企业所有。农产品品牌的主体除了企业形式的农业生产组织外，还包括集体拥有的集体品牌、地域品牌等，即品牌为某一地域的农产品生产者、行业协会等农户联合组织或"企业＋农户"等联合组织共同所有。由于农产品依赖于自然环境等资源，同一区域内的农产品具有很强的同质性，以原产地注册形成的地域品牌是区域农户的共有资产。在农民合作组织、"龙头企业＋农户"等农业产业化组织内部，农产品品牌成为组织内部的共有资产。

（三）农产品品牌效应的外部性

农产品品牌效应的外部性表现在以下方面。

第一，地域品牌的外部性。地理标志产品的质量或特征主要或全部源于地域环境，包括自然环境和人文环境。按照WTO（世界贸易组织）的规则，原产地产品由国家提供担保，如产品出现假冒，由政府负责，而不是由企业负责。因此，地理标志是公共物品，具有外部性。对于符合条件的农产品生产者来说，该产品的品牌效应使其无须付出成本就能得到消费者的认可，并且由于该标志对特定地域范围以外的同类产品具有排他性，因此也会获得垄断收益。例如，廉江红橙原产地产品的保护范围为廉江市现辖行政区域，保护标志所有权归廉江市人民政府所有，据估计因此而受益的相关产业人口在30万以上。

第二，无公害产品、绿色食品及有机食品等品牌称号的外部性。"三品"的概念构成了食用农产品安全生产的基本框架，是政府为了解决近年来日趋严重的农产品安全问题而推行和倡导的政府行为。由于政府及社会各界的宣传推动了绿色消费的兴起，"三品"在市场上更容易获得消费者的认可，使用"三品"标志的产品能够以比较高的价格进行销售。"三品"生产者以较低的市场开发费用赢得消费者的青睐。"三品"标志是一种品牌形象，而且是农产品的整体品牌形象。"三品"标志是一种具有非竞争性和非排他性的公共物品。因此，"三品"标志具有外部性，使农产品生产者得到了免费的利益。

第三，品牌概念产生的外部性。品牌具有引领时尚的作用。例如，伊利、北奇神等品牌概念的传播，使消费者对该类产品形成了某种认知。由于农产品品牌建设起步比较晚，一些小品牌借用已经形成的品牌效应，如其他品牌学习伊利把自己"打扮"成草原牛奶，出现了诸如"来自内蒙古草原""大理天然牧场""新疆天山牧场""阿坝草原"等概念的产品，伊利斥巨资打造的"草原"概念被其他品牌无偿借用。对于同类企业来说，如果在品牌主题中过度强调某一自然特征，那么这一自然特征会在消费者心中形成共同认知，这种品牌概念由于具有一般特征而不具有企业特征，因此成为整个行业的共同资产。农产品品牌诉求普遍强调绿色、自然、健康的概念，一些处于领袖地位的农产品品牌由于率先推出了某种理念，品牌效应产生的外部性使其他品牌的产品免费受益。

农业产业化是我国农业发展的必然选择，这已经成为一种共识。在实践中，我国农业产业化快速发展，各地都把产业管理作为农业发展的一项基本措施。对农业产业化的理论认知既是对实践经验的总结，又是通过理论分析方法指导实践、解决问题的对策。

第二节 农产品品牌管理的战略

我国是农业大国，根据国家统计局 2017 年发布的人口数据，我国农村人口占全国总人口的 41.48 %。农业与国家命运息息相关。因此，实施农产品品牌管理可以促进我国各地农业生产、农产品营销的全面发展。

一、农产品品牌管理的战略意义

（一）有利于农业产业化的提高

第一，农产品品牌管理是企业经营的必然选择。农产品加工企业是农业产业化的"脊柱"，农业产业化的动力就来自企业，而农产品加工企业要想

成为龙头企业,品牌就是其通行证。因此,必须实施品牌管理、企业化管理和市场化运作。首先,企业必须创建自己的品牌,并将品牌塑造成名牌,产品才能成为消费者的首选,才能有稳定的市场,并逐步扩大市场占有率。其次,实施农产品品牌管理就是要以质量为核心,按照品牌化要求组织生产、优化品种、提高质量、精深加工、精美包装,从而树立品牌形象。最后,农产品品牌管理重视经营效益,品牌的价值就在于它可以稳定商品的市场价格,并且创造新的价值。实行品牌管理可以使企业的经济效益稳步上升,资产不断升值。

第二,实施农产品品牌管理可以整合农村地区的资源优势,形成专业化生产和规模化布局的农业产业化生产基地。农产品品牌的创建一般受自然条件影响较大。气候、土壤、水等自然资源因素形成了农产品的地域品种优势,企业可以利用地域品种的资源优势,发展农产品加工业,建立与当地农户之间的经济联系机制,建设生产基地,形成"企业+农户"的经营模式,给予农户技术和经济支持,实施专业化生产和规模管理,从而创建自己的品牌。

第三,实施农产品品牌管理可以促使龙头企业不断创新,推动农业产业结构不断升级。农产品品牌管理以科技为支撑,以整合区域资源为基础,在品牌的制定、实施、修订、再实施、再修订过程中呈现螺旋式发展趋势,使企业不断创新,保持自己品牌的比较优势和个性。区域农业产业结构也会随着企业的创新与整合不断升级换代。

第四,农产品品牌管理促使农业产业化理念不断发展。农产品品牌管理不仅是一种经营方式,而且是一种经营理念。品牌管理的理念必须符合消费者的消费理念,品牌营销行为要维护消费者的现实利益、长远利益和社会的整体利益。农产品生产者、经营者必须把当前的绿色营销观念和社会经济可持续发展理念转化为自身的品牌理念,使得农业产业化不仅仅是农业工业化,而且是与环境发展相协调、确保农业经济和社会可持续发展的农业现代化。

（二）有利于农业生产力水平的全面提高

传统的生产力概念是指"人们征服自然、改造自然、获取物质生活资源的能力"。马克思主义政治经济学中所说的生产力的含义包括劳动生产力、自然生产力和社会生产力。卡尔·马克思（K.Marx）在《资本论》的最初手稿中提出了"物质生产力"和"精神生产力"。精神生产力主要包括科学技术、生产管理、现代教育、邮电和通信、广播电视、生产信息等。随着信息技术的不断进步，精神生产力的范围还可能会进一步扩大。生产力结构是一个动态结构，处在不断变化之中。近年来，有学者提出环境生产力论、服务生产力论和艺术生产力论等概念，也可以看作是生产力概念在当今社会经济条件下的新发展。

农业生产力是农产品的品牌力。由于品牌产品具有较高的市场认知度和美誉度，易使消费者产生一定的忠诚度，因而在市场竞争中具有获利效应、促销效应、竞争效应及规模扩张效应等优势，是提高我国农产品整体效益的首要条件。农产品品牌管理的效益集中体现在农产品的品牌力上。品牌力是指消费者对某个品牌形成的概念和对购买决策的影响程度。

品牌力作为企业对消费者和市场的强大影响力，是决定企业成败的核心力量。品牌力依附于商品力，以自然生产力或物质生产力为基础。农产品品牌力的自然属性更为突出。同时，品牌力也是企业文化特质的反映，是企业的科学技术水平、员工素质、团队精神、创新力量、管理能力、质量水平、经营理念和品牌传播创意等内容的有机整合。在新经济时代，企业的精神生产力的意义更为重要。因此，品牌力作为生产力，是农业生产力的新内容和新发展。农产品品牌力是农业企业核心竞争力的主要要素。哥印拜陀·普拉哈拉德（C.Prahalad）和加里·哈默尔（G.Hamel）在《企业的核心竞争力》一文中对核心竞争力作了如下定义：核心竞争力是企业组织中的集合性知识，特别是指关于协调多样化生产经营技术与有机结合多种技术流的知识。从上面的表述可知企业的核心竞争力是企业为赢得市场而拥有的独特知识，这种力量使企业能在追求顾客价值观的过程中，向顾客提供优于竞争对手并且不易被竞争对手所模仿的、为顾客所看重的消费者剩余价值。

农产品的品牌力是由品牌产品力、品牌文化力、品牌传播力和品牌延伸力有机整合而成的复合力。品牌商品力和品牌文化力是品牌力的主要内容,品牌传播力关系到品牌与消费者在心理层面的沟通;品牌延伸力是品牌成长的重要一环。一个品牌要在竞争中脱颖而出,在消费者心目中占据一席之地,就要使品牌产品有强大的品牌力,培养有利于强化品牌个性的品牌文化,实施有效的品牌传播,进行正确的品牌延伸。具体来说,农产品的产品力既是区域自然资源力的再现,具有特定产品力和地域价值力;又是新科技的结晶,具有一定专利性。品牌的文化力是企业长期文化建设成果的积淀,是品牌的灵魂,这种力量渗透到职工的思想中,表现在职工的素养中,折射到产品的性能中。品牌传播力关系到品牌形象和信誉度。品牌的传播力强,就能树立优秀的品牌形象,提高企业的信誉度和经济效益;品牌的传播力弱,品牌形象难免会受损,降低企业的信誉度和经济效益。各种品牌的传播手段大同小异,但有的品牌举世闻名、妇孺皆知,有的却很难树立品牌形象。这种差异的根源主要在于品牌传播的内涵和理念,这是传播手段无法"克隆"的内核。品牌的延伸力取决于品牌的创新力、营销力和品牌的现有价值与市场的定位。如果盲目延伸,那么就会造成品牌形象混乱、定位模糊,导致品牌力下降,使企业的核心竞争力受损。

综上所述,农产品品牌力是一种生产力,是区域资源的组织整合。它集合了企业的产品力、资本力、战略管理能力、创新能力、经营能力和文化价值观念,是农业企业核心竞争力的市场载体。因此,农产品品牌力是农业企业核心竞争力的重要组成部分,与生产资料、设备和劳动力共同构成了农业生产力,而且在提高农业生产力的过程中具有决定性作用。

(三)有利于农民收入的增加

我国农产品的"卖难"问题是通过数量上的供过于求表现出来的,但实质上是结构性供求矛盾的体现。也就是说,生产者生产出来的农产品在品种和品质上不适销,从而导致"卖难"现象。出现农产品"卖难"的主要原因有以下几点。第一，农业结构不合理。一方面，产业结构不合理，以种植业为主，牧业、渔业、林业比重偏低，农业产业内部结构也不合理，如在种植业中，粮食种植比重偏大，经济作物比重偏小；另一方面，农产品品种结构不合理，传统品种比重偏大，新品种、优良品种推广太慢、比重偏低。第二，农产品品质低，不符合市场需求，农产品的口感、营养成分、标准化程度和农药残留等方面不能满足市场需求。第三，农产品单一品种生产数量过多，超过了市场需求量，导致绝对性的供过于求。第四，市场信息闭塞，产销信息分离。第五，流通环节不畅通，市场体系不完整，缺乏大型拉动力强、覆盖面广的农产品批发市场。第六，农产品生产者缺乏市场营销理念和品牌意识，农产品无牌经营，难以在市场上树立信誉度，缺乏稳定的消费群体。

实行农产品品牌管理是解决农产品"卖难"问题的有效途径。首先，农产品品牌管理是企业化、规模化和集约化的管理，通过"一村一品、一乡一业"的专业化生产、规模化经营、区域化布局、社会化服务，形成贸、工、农相互衔接，种养协调，产供销一条龙的运行机制，最终在农村建立起"市场牵企业、企业带基地、基地连农户"的经济管理体制，形成"大市场、大流通和大产业"的现代化农业布局。其次，农产品品牌管理通过品牌创制和市场化运作树立品牌形象，提高信誉度，突出产品特色，建立稳定的消费群体，获得强大的促销效应。最后，农产品品牌管理可以促使农产品生产经营者树立市场观念、效益观念、营销观念、科技意识和品牌意识，避免盲目性和自发性，增强农业生产者的主动性，提高农产品的科技含量和市场竞争力。例如，宁波知名品牌梅山岛的商标注册以来，其产品主要出口日本、马来西亚、新加坡等国，梅山人都认识到了这一点，品牌不仅意味着一个地区的生产能力，更代表着一种品质。

党的十七大报告指出，在社会主义新农村建设中，要坚持把发展现代农业、繁荣农村经济作为首要任务。为此，要提高农民素质，促进农业科技的发展和应用。而农产品的品牌化正是发展现代农业、切实增加农民收入的有效途径。

（四）有利于农产品国际市场竞争力的提升

提高农产品的国际竞争力是经济全球化时代各国农业生存、发展的必经之路。我国加入WTO后，农业产品税大幅降低，非关税措施和出口补贴基本取消，农业的国际化进程明显加快，但面临的国际竞争压力进一步增加。我国农产品不仅要参与国际市场竞争，而且在国内市场上也要与外国农产品竞争。我国农业面临的竞争形势空前严峻。

一方面，要调整农产品的生产结构，根据国际市场的需求培育和种植新产品；另一方面，必须推出名牌农产品，积极参与国际竞争，品牌的创立可以使农产品在同类产品市场的可替代程度降低，从而提高市场竞争力，提升国际竞争力。

在这样的形势下，采取品牌管理战略，打造农产品品牌，形成一批具有国际竞争力的优势农产品，带动全国农业整体竞争力的提高，是我国积极应对入世、主动参与国际竞争的现实选择；也是尽快提高我国农业竞争力和生产力水平、促进农业发展的战略措施。

实践证明，国际市场是品牌的天下。具有优质、特色、科技含量高、信誉好、绿色环保等特点的农产品名牌具有强大的国际竞争力，可以打破贸易壁垒，更多、更快、更好地进入国际市场，获得较高的经济效益。通过广泛实施农业品牌战略，不断改善和优化政策、法律和舆论环境，规范市场秩序，推动农业科技进步和制度创新，提高农业经营管理水平，形成优胜劣汰、奋力争先的竞争格局，我国农业的整体素质和效益有所提升，农产品的国际竞争力不断增强。

二、农产品品牌管理的战略目标

（一）农产品品牌战略目标及其地位

1.农产品品牌战略目标的分类

品牌战略是伴随企业发展的一项长期工作，贯穿企业发展的各个环节，是一项复杂的系统工程。农产品品牌战略目标是一个农业地区或企业对品牌战略经营活动预期达到的经营成果。农业地区或企业在其品牌战略管理的过程中，为提高市场地位和竞争能力，取得令人满意的战略绩效，保证品牌建设的顺利进行，必须确定明确的品牌战略总体目标，并且根据企业的未来发展规划，制定不同阶段的分目标。

农产品品牌战略的总体目标是一个农业地区或企业期望自己的农产品品牌在竞争者市场中的地位形象，即期望自己的农产品品牌在同类产品中的知名度和美誉度。品牌战略目标可以按照品牌发展的不同阶段进行划分。初期为品牌创建时期，初期品牌建设目标从打造项目品牌入手，逐步提高企业的知名度，树立品牌形象。中期为品牌发展时期，主要任务是进行资本运营，扩大新业务，做好扩张准备。中期品牌建设目标是建立主品牌（企业品牌）旗下的副品牌（项目品牌）系列，并且通过公司上市，大范围、大幅度地提升品牌的整体形象。远期为品牌成熟时期，在经营方面的主要任务是跨地区扩张，开创未来成长空间。远期品牌建设目标则是将企业培育成全国性的知名品牌，并且利用上市公司的身份进一步巩固品牌形象，培养顾客对企业品牌的忠诚度。黑龙江省绥化市打造寒地黑土品牌的过程就是按照这三个阶段目标进行的，这一问题在本书第五章将会进行深入分析，这里不再赘述。

2.农产品品牌战略目标的地位

（1）农产品品牌战略目标是农业企业经营活动的历史性转变。农业生产力水平，尤其是农产品加工业发展到一个更高的阶段时，市场上的农产品不仅数量会急剧增加，而且其品质功能也日趋同质化。随着生活状况的大幅度改善、消费欲望的不断增加，人们的消费需求和消费心理也日趋复杂化，消费者在购买农产品时改变了过去那种购买无包装、无品牌散货的方式，而是也像购买工业品那样认牌购买，甚至认名牌购买。这时，农业企业若只进行产品或资本经营显然已不合时宜。农业企业要想永久性地刺激、引导消费者的购买行为，除了在提高产品质量、开发新产品等方面下大功夫外，创造省内、国内知名的农业企业品牌，确立农产品品牌目标，大力营造企业形象，提升企业品牌知名度也是农业企业的经营重点。在农产品经济经历了漫长的发展历程后，人们开始树立农产品品牌意识，农业企业品牌经营时代悄然到来。在这一时期，农业企业将经营活动置于农产品品牌管理上，农产品品牌战略目标的实施是农业企业经营活动的历史性转变。

（2）农产品品牌战略目标是企业品牌发展战略的核心环节。农业企业为了寻求品牌发展，需要针对内外环境及自身特性制订发展计划，涉及企业的各个部门和各个方面，是一个宏大而复杂的体系。企业品牌战略目标是企业品牌战略的重要组成部分，是企业品牌战略的核心环节。企业品牌战略目标可以为一个农业地区或企业指明一定时期内农产品品牌化运用和生产经营活动的方向和奋斗目标，突出生产经营活动的重点，而且为评价经营成果确定了一个标准。另外，农产品品牌战略目标把一个地区内部各部门的生产经营活动联结成一个有机的整体，各部门、各生产环节的工作以整体品牌战略目标为核心，各项活动彼此配合、相互协调，实现了统一管理。

（二）农产品品牌战略目标的基本内容

农产品品牌战略目标的基本内容主要包括以下几个方面。

1. 市场目标

企业在制定品牌战略目标时最重要的决策是企业在市场上的相对地位，它反映出企业的竞争地位。企业预期达到的市场地位应该是最优的市场份额，这就要求对顾客、目标市场、产品、服务、销售渠道等进行仔细分析。

（1）产品目标。该目标包括产品组合、产品线、产品销量和销售额等，用市场占有率、销售额或销售量来表示，表现为市场的渗透、新市场的开发、市场占有率、市场份额、出口创汇额等目标。

（2）渠道目标。该目标包括纵向渠道目标（渠道的层次）和横向渠道目标（同一渠道成员的数量和质量目标）。

（3）沟通目标。该目标包括广告、营业推广等活动的预算和预期效果。

2. 创新目标

在环境变化加剧、市场竞争激烈的社会背景下，创新概念受到了高度重视。创新作为企业的品牌战略目标之一，使企业获得了生存发展的动力。企业的创新活动基本上包括三种：技术创新、制度创新和管理创新。为树立创新目标，品牌战略制定者一方面必须预估达到市场目标所需的各项创新，另一方面必须对技术进步在企业的各个领域中引起的发展进行评价。

（1）技术创新目标。农业技术创新主要是指将数学、信息技术、生物技术等方面的新理论、新方法及时渗透到农业生产的各个环节，引入新的生产方式，如原材料、能源、设备、产品等有形的技术创新和工艺程序设计，以及操作方法改进等无形的技术创新。农产品加工企业要运用先进的农业技术手段，把现代化的科技方法应用于农业技术创新。发展农业高新技术，首先要建立完善的农业技术创新目标。制定技术创新目标，使农业科研目标对资源进行科学分配，使有限的创新资金集中用于那些农业生产急需且成功率高的技术项目上；建立风险投资机制，消除农业科研部门的后顾之忧，从而推动企业乃至整个产业广泛而深刻的发展。

（2）制度创新目标。在农产品品牌化的进程中，制度创新涉及两个方面的内容：经济体制创新和资源配置调控制度创新。

经济体制创新与农产品品牌化过程联系更为密切。经济体制的形成，受经济发展水平、社会和文化、环境等因素的影响；反过来，经济发展水平等因素的变化又必然会改变经济体制。当然，一个既定的经济发展水平可以适应一种以上的经济体制，但是一定的发展水平却可能和某些特定的经济体制是不相容的。也就是说，随着生产的不断发展、经济发展水平的提高，企业需要确立经济体制调整的目标，使自身适应不断变化的经济水平、环境和市场。

资源配置调控制度是指在品牌化进程中企业的经济资源分配方式。在农产品生产过程中，企业经济资源无论是资金、土地、劳动力，还是其他生产要素，其数量都是有限的。资源配置的方式不同，企业取得的经济效益也有很大差异。随着市场和环境的变化，资源配置需要不断调整。企业如果想要取得经济效益最大化，那么其资源配置的调整必须具有前瞻性，有计划地决定资源的分配和组合。因此，确定企业资源配置方式的创新目标是实现农产品品牌化战略的重要举措。

（3）管理创新目标。管理创新是指企业把新的管理要素或要素组合引入企业管理系统，以更有效地实现组织目标的创新活动。在我国农产品品牌化的进程中，企业的经营管理模式正在由传统小农户家庭经营模式向规模化农业经营模式转变。随着农产品市场竞争的日益激烈，原有的管理方法已不能满足时代的需要，管理创新成为企业寻求生存和发展的中心任务。管理创新涉及经营思路、组织结构、管理风格和手段、管理模式等多方面的内容。管理创新的主要目标是设计一套新的农产品生产经营管理规则和模式，以促进企业管理系统综合效能的不断提高。

3. 盈利目标

盈利目标是企业的基本目标，是指农产品品牌给企业带来的预期收益。盈利目标一般用投资收益率、销售利润等来表示，表现为品牌农产品的利润、收入等目标。农产品品牌能给企业带来利益，同样的产品贴上不同的品牌标签，可以卖出不同的价格，其市场占有能力也有很大差异。品牌盈利目标的实现与企业的资源配置效率及利用效率息息相关，主要表现在人力资源目标、生产资源目标、资本资源目标上。

（1）生产资源目标。通常情况下，企业通过改进投入与产出的关系获利。一方面，提高每个投入单位的产量；另一方面，在单位产量不变的情况下，成本的降低同时也意味着利润的增加。

（2）人力资源目标。人力资源素质的提高带来企业的生产率的提高，同时还能减少人员流动造成的成本开支。因此，企业的品牌战略目标中应包括人力资源素质的提高、建立良好的人力资源管理等目标。

（3）资本资源目标。达成企业的盈利目标还需要在资金的来源及运用方面制定各种目标。一方面，确定合理的资本结构并尽量减少资本成本；另一方面，通过资金、资产的运作获得利润。

4. 社会目标

现代农业企业越来越多地认识到自己对顾客及社会的责任。一方面，企业必须对自身造成的社会影响负责，如农产品加工企业大多生产食品，食品的卫生质量安全问题一直是社会最为关注的问题，一旦某地发生卫生质量安全问题，引起的轰动会波及整个社会，给企业带来的负面影响极大；另一方面，企业必须承担解决社会问题的部分责任。企业日益关心并注意自己良好的社会形象，既能提高产品或服务的信誉，又能促进社会对企业的认同度。企业的社会目标反映出企业对社会的贡献程度，如环境保护、节约能源、参与社会活动、支持社会福利事业和地区建设活动等。企业社会目标包括以下几个方面。

（1）公共关系目标。该目标的着眼点是企业形象，企业形象的建设通常以提高公众满意度和社会知名度为目标，表现为消费者、经营者、生产者对该商标的知晓程度。

（2）社会责任目标。该目标是企业在道德追求、理想价值方面的目标，指企业在处理和解决社会问题时的态度和行为，如在对待环境保护、社区问题、公益事业时扮演的角色和发挥的作用。

（3）美誉度目标。该目标是指地区名牌、省级名牌、全国名牌、中国驰名商标、世界驰名商标的取得和企业在消费者心目中的地位。

在实际中，由于农业企业性质、企业发展阶段的不同，品牌战略目标体系中的重点目标也大相径庭，企业应根据实际情况确定品牌战略目标的项目和发展水平，使品牌战略目标为整个农产品品牌管理服务。

（三）农产品品牌战略目标的制定过程

一般来说，确定农产品品牌战略目标需要经历调查研究、拟定目标、论证评价和目标决断四个具体步骤。

1. 调查研究

制定农产品品牌战略目标，要充分考虑本地区本行业的外部环境及企业内部条件两个方面的因素，外部环境更为重要。因此，为了使农产品品牌战略目标切实可行，必须做好以下几个方面的调查工作：第一，要掌握国家经济发展规划，特别是农业经济发展的方针、政策导向；第二，要掌握本地区及农业经济发展相关政策、发展目标；第三，要了解农产品市场变化动向，特别是相关农产品的市场供给和需求，满足消费者的需求；第四，要调查研究同类农产品生产企业的品牌战略目标及品牌目前的市场地位；第五，要收集整理本企业的生产经营条件、企业文化和企业发展战略。

调查研究一定要全面进行，但又要突出重点。为确保品牌战略进行的调查研究不同于其他类型的调查研究，其侧重点应该在于企业与外部环境的关系和对企业未来发展的研究和预测。关于企业自身的历史与现状的研究自然是必要的，但对品牌战略目标决策来说，最关键的还是那些对企业未来具有决定意义的外部环境信息。

2. 拟定目标

经过细致周密的调查研究后，可以着手拟定农产品品牌的战略目标。拟定品牌战略目标一般需要经历两个环节：拟定目标方向和拟定目标水平。在既定的品牌战略经营领域内，综合考虑外部环境、消费需求和内部资源，确定品牌的目标和方向，通过对现有能力与手段等内部资源条件的全面衡量，对品牌活动水平做初步的规定，形成可供决策选择的目标方案。

上文对农产品品牌战略目标包含的内容已经进行了介绍，这里不再赘述。在确定品牌战略目标的过程中，必须注意品牌目标内容结构的合理性，使品牌的利益目标、市场目标、发展目标和名誉目标相互联系、相互影响。如果确立的利益目标和市场目标较低，那么发展目标和名誉目标也会相对较低；反之亦然。在拟定农产品品牌的目标时，要列出各个目标的综合排序，在满足实际需要的前提下，尽可能减少目标数量，把类似的目标合并成一个目标，把从属目标归于总目标。

在拟定品牌目标的过程中，要注意两个方面的问题。一是对农产品生长的自然环境资源应给予充分考虑。农产品生长的自然环境对产品质量的影响很大，土壤、气候等自然条件会使农产品形成某种特色，这种特色往往具有无与伦比的优势，这样的企业品牌目标可以拟定得高一些。二是企业领导要注意充分发挥智囊人员的作用，要根据实际需要，尽可能多地提出一些目标方案，以便对比选优。

3. 论证评价

在农产品品牌战略目标拟定出来之后，要组织专家和有关人员对提出的目标方案进行评价和论证。

（1）论证和评价战略目标方向的正确性。要着重研究拟定的品牌战略目标是否符合企业精神、是否符合企业的整体利益与发展需要、是否符合外部环境及消费者的需要。

（2）论证和评价战略目标水平的可行性。论证与评价的方法，主要是按照战略目标的要求，分析企业的实际能力，找出目标与现状的差距，然后分析用以消除这个差距的措施，而且要对其进行恰当的运算，尽可能用数据说明情况。如果现有的条件和能力、实现的途径和措施能够消除差距，那么说明这个目标是可行的。如果外部环境及未来的变化对企业发展比较有利，企业自身也有办法找到更多的发展途径、能力和措施，那么就要考虑提高品牌战略目标的水平。

（3）论证和评价战略目标的完善化程度。论证和评价战略目标的完善化程度要着重考察以下内容。第一，目标是否明确。目标明确是指目标应当是单义的，只能有一种理解，不能是多义的；多项目标还必须分出主次轻重；实现目标的责任必须能够落实；实现目标的约束条件也要尽可能明确。第二，目标的内容要素是否协调一致。如果内容不协调一致，完成其中一部分指标势必会牺牲另一部分指标，那么目标内容便无法完全实现。第三，目标有无改善的余地。

如果在论证评价时，已经提出了多个目标方案，那么这种论证评价就要在比较中进行。通过对比、权衡利弊，找出各个目标方案的优劣所在。拟定目标的论证评价过程也是目标方案的完善过程。要通过论证评价，找出目标方案的不足之处，并想方设法使之完善。如果通过论证评价，发现拟定的目标完全不正确或根本无法实现，那就要重新拟定目标，然后再重新进行论证评价。

4. 目标决断

目标决断就是对多个拟定目标进行权衡利弊、优中选优，最后选择一个最佳目标作为农产品品牌的战略目标。在选择最终的战略目标时，要注意从以下三方面权衡各个拟定的目标方案：目标方向的正确程度、可望实现的程度和期望效益的大小。对于以上三个方面应作综合考虑。所选定目标的三个方面的期望值都应该尽可能高。

目标决断还必须掌握好决策时机。因为品牌战略决策不同于品牌战术决策。品牌战术目标决策时间比较紧迫，回旋余地很小，而品牌战略目标决策的时间压力相对不大。在决策时间的问题上，一方面，要防止在机会和困难都还没有搞清楚之前就轻率决策；另一方面，不能优柔寡断，贻误决策时机。

在确定品牌战略目标的过程中，调查研究、拟定目标、论证评价、目标决断这四个步骤是紧密结合在一起的，后一步的工作依赖于前一步的工作；在进行后一步的工作时，如果发现前一步的工作出现错误，或者遇到了新情况，就需要回过头去，重新进行前一步或前几步的工作。

三、农产品品牌管理的实施方法

（一）壮大龙头企业，推动农产品品牌发展

农产品品牌管理的前提是企业要有品牌，没有品牌就没有竞争力。但品牌的建立和发展是一个长期的过程，需要有一定规模和实力的企业积极参与，企业的规模和经济实力是创立品牌的前提。因为品牌创立要花费企业大量的人力、物力和财力，这对企业来说意味着风险投资，是对企业的经营管理水平的考验。目前，我国的农业企业规模普遍较小，并且存在大量以一家一户为生产经营单位的企业，经营分散、势单力薄，所生产的大宗产品品种结构趋同、加工滞后、生产管理无序、流通无渠道。不仅难以保证稳定的质量，而且在品牌创建过程中的诸如开拓市场、树立品牌、申请注册和取得认证等方面也会力不从心，更不用说生产技术环节能否达到国际市场的最终检验标准。

一家一户为生产经营单位、经营分散和规模较小的农业企业，不能胜任农产品品牌经营战略。从全国拥有强势地位的农产品品牌企业和地区的成功经验来看，做大品牌必须依靠龙头企业的拉动，通过龙头企业使小生产单位与千变万化的大市场对接，实现土地、资金等生产要素的优化组合。在龙头

企业的带动下，无品牌、分散经营的农户和企业，尝到了品牌经营的"甜头"，获得了相对较高的利润，其生产积极性和参与品牌管理的积极性大大提高。同时，依靠龙头企业品牌进入市场，充分体现了品牌农业的规模优势、渠道优势与合作优势。龙头企业是品牌经营的核心，"龙头企业＋基地＋农户"模式，可以使生产和流通的各个主体相互协作、共同发展，既有利于规模化生产，提升农产品的附加值；又有利于市场化运作，树立品牌的统一形象，促进农业名牌的产生。目前，我国规模较小的农业企业要着重分析自身成长缓慢的原因或阻碍因素，采取相应的措施和方法，多途径培育和促进农产品龙头企业和企业集团的发展，培育优势产业和强势品牌，提高农产品品牌的管理水平。例如，在加大引进农产品大企业的力度的同时，对现有企业进行组织引导，以建立现代企业制度为目标，通过规范运作、政策扶持、降低公司创办费用、减轻企业负担、改革管理体制等措施，提高企业的市场竞争力。

（二）加大各级政府的扶持力度

农产品品牌的发展是一个系统、长期的工程，单靠龙头企业拉动和农业管理部门指导是不够的，还必须依靠各级政府相关部门的扶持，充分发挥政府各部门的综合力量。因此，各级政府必须加强领导，充分利用经济、法律等手段，扶持、保护、促进品牌的发展。我国农产品品牌建设发展缓慢，知名品牌少，品牌力弱，因此各级、各地政府责任重大。政府对农产品品牌管理要支持帮助，但不能包办代替。如何做到"帮农"而不"扰农"，是值得认真研究的问题。我国加入 WTO 之前，政府通过价格补贴、价格保护等方式对农业进行扶持；加入 WTO 后，政府通过政策扶持等方式指导、帮助农业企业，实施农产品品牌管理。我国的政府扶持具体包括以下几种形式。

第一，真正落实政策。中央一号文件已经明确指出，不管哪种所有制和经营形式的龙头企业，只要能带动农户，并与农户建立合理的利益联结机制，带动农民共同致富，都要在财政、税收、金融等方面一视同仁地予以支持。也就是说，对农业龙头企业，中央是有支持政策的，关键是各级政府政策的落实。

第二，搞好农业科技示范。农民参与各种经济组织要自愿，不能靠行政命令。政府可以通过扶助创办农业科技示范园等形式引导农民参与龙头企业的品牌管理。通过政府引导，在一定规模和层次的龙头企业带领下，形成市县有示范区、乡镇有示范园、农村有示范户，与国际标准接轨、与国家标准接轨、与行业标准配套的生产管理程序。

第三，做好商标注册工作。各级政府要积极引导、帮助农产品生产者做好商标注册工作。尤其是传统的原产地产品，必须尽快规范生产标准，完成商标注册；要逐步开展农产品原产地认证工作，形成区位品牌，促进产业聚集；要利用WTO贸易规则，积极实施传统名优产品的原产地保护措施，为品牌建设保驾护航。

第四，真正搞好服务。近年来，在广大农村，由于政府和管理部门的服务性收费过多，农民对政府产生了一些不满情绪，农民希望而且需要降低农业交易成本的一系列服务。政府通过向农业、农村和农民提供由财政支付的各项无偿服务，降低农业产品进入国际、国内市场的交易成本，真正为三农服务。例如，加强农村公共基础设施建设，全部由财政直接出资，无偿提供农副产品品质认证服务等各种各样的信息服务、中介服务和品牌建设服务。再如，由政府出资购买对农产品品质影响大、作业范围广的农作物新品种、农业生产新技术，并将其无偿提供给农民或农民组织。

第五，充分利用媒体传播渠道。在市场经营条件下，我国的众多媒体在传播文化信息时搞市场化运作，利用其传播信息的垄断地位，收取高额广告费用。党和政府领导机关要引导这些媒体部门，从丰厚利润中拿出一部分反哺农业，以免费、低廉的费用在大众媒体中留出版面、空间和时间段，开办专栏，以新闻报道、消费知识介绍、地方人文和名优特产宣传等形式宣传农产品品牌，为农产品品牌做广告，积极宣传名优产品和品牌农产品。总之，农产品品牌的宣传推广，首先要从地方品牌创建开始，实力较强的企业或品牌要面向全国，在国家级的媒体上做广告，甚至走向世界。

第六，加大政府扶持力度。实施农产品品牌管理风险高，企业往往有顾虑，迫切需要政府的鼓励。这种鼓励要有力度，再落到实处。例如，出台相关政策、法规和指令性文件，并敦促地方政府严格执行，定期检查执行情况。

（三）提高产品质量，增强品牌的竞争实力

品牌是市场竞争的产物，是消费者识别产品的手段，农产品的品牌管理是农业产业化的必经之路。质量和品牌并不矛盾。实施农产品品牌管理，农产品的质量是基础，是品牌的核心。提高品质是品牌产品的自我保护。要适应消费者生活水平和消费观念的新变化，不断提高产品质量，使品牌之树长青。

提高农产品质量，重点要在三个方面下功夫。一是实施良种工程。要把引进、培育良种作为不断优化产品品质、创造农产品品牌的基础工程，加大开发力度，加快引进速度。从生产源头开始，把好产品质量关。如果生产的产品是无公害农产品、绿色农产品或有机农产品，要取得相关的农产品认证。二是积极进行以提高产品质量为核心的技术改造和技术攻关。例如，研制瘦肉型猪快速生长所需的无激素饲料、早熟梨的贮藏保鲜技术、河田鸡的保种选育等，使产品的技术指标达到国内或国际同行业的领先水平。三是实施品牌农产品的标准化生产。建立健全品牌农产品的质量管理体系，实施综合标准化管理，包括建立品种、种苗、种植或养殖过程，以及产品的采集、加工、包装、运输、贮藏等生产全过程的综合标准体系。

强势农产品品牌与非强势品牌、无品牌农产品的显著区别在于品牌质量、品牌定位、品牌服务等。农产品品牌质量的核心指标是安全因素，安全因素是消费者认可的首位要素。农产品品牌是消费者选择产品的重要判断根据，品牌为企业带来利益的同时，也带来了巨大的压力，企业必须稳定农产品质量、维护品牌形象，这样才能形成忠诚的消费群体。

（四）提高品牌意识，注重农产品商标注册

我国著名的农产品有很多，如东北三宝、山东大枣、毛坝漆、洪湖莲子等，但这只是农产品而不是农产品品牌。我国的现实是绝大多数农产品无品牌，即使少数农产品有品牌，包括上述著名的土特产品，但由于种种原因，

并未形成市场品牌力。这种现象的成因是多方面的，如品牌经营意识淡薄、经营分散、企业规模小、缺乏地理标志保护、品牌管理能力不高等。有些企业的农副产品在国家、省级的评比评奖中脱颖而出，获得金、银、铜奖或名牌产品等殊荣，但不少产品获奖后被束之高阁。企业在规模扩张、系列开发、质量、包装、档次等方面缺乏实施品牌战略的规划和具体办法。因此，各级政府要切实强化品牌观念，针对目前农产品品牌产品少、规模小、竞争力弱、品牌效应不明显等问题，抓紧制定分步走的发展规划和措施。

纵观我国农业产业化的发展过程，可以将其简单地划分为三个阶段：一是品种的竞争，即"人无我有"；二是品质的竞争，即"人有我优"；三是品牌的竞争，它是一个长期的有形资产（产品）和无形资产（品牌）的结合，其最直观、最简单、最显著的表现形式就是商标。

目前，在实施农产品品牌管理中，要搞好商标运作需注意以下几点。首先，在具备基本条件的情况下，积极进行商标申报和注册登记，政府有关部门也要经常帮助和督促农产品生产、经营部门进行商标注册。其次，龙头企业或政府申请地理标志，将有市场影响的农产品尽可能多地申请地理标志。再次，要强化品牌管理。地方政府要帮助企业提高商标管理能力，整合商标。最后，我国在加强地理标志名称保护的同时，还应提高已申请地理标志企业的商标意识，从而使它们的产品可以受到地理标志证明商标和自身商标的双重保护。

（五）建立灵活多样的流通渠道和广泛的流通网点

实施农产品品牌管理，重要的是如何将一家一户的小规模农业生产组织起来，与千变万化的农产品市场相结合。要在加快培育、发展品牌的前提下，努力实现品牌产品较高的市场占有率。农业生产组织必须与农产品市场流通改革、创新结合起来，建立适应现代农业发展的"大生产、大流通"格局，用营销网络优势推动市场扩张。为此，建议采取以下措施。

（1）通过市场结盟建立紧密型农产品营销合作组织，按照市场需求组织统一品牌的农产品生产，统一质量标准，并负责技术进步、产品标准制定及反假冒伪劣等工作。

（2）与学校、大企业、机关、部队、宾馆、饭店等建立供销关系，通过直销的方式，不仅建立了稳定的销售渠道，而且为树立品牌形象提供了契机。

（3）建立专业市场，根据产品和自身情况，多渠道开拓销售市场，在大中城市建立专卖店，专柜专销、直供直销，扩大农产品品牌的辐射能力。

（4）与大型流通企业建立品牌联盟，扩大营销渠道。

（5）壮大营销队伍。通过扶持和引导，形成一支包括农民个体营销大户、企业营销人员、进入经济建设主战场的机关事业单位干部、协会组织等各种力量在内的营销大军。尤为重要的是，要加快培养一批擅长市场调查、市场分析、营销策划的人才，满足市场开发的需求。

（6）健全营销网络。其关键是依托龙头企业、国家商业企业和政府驻外办事机构、支乡会等组织和异地代理商，完善市场窗口的建设，建立营销网络。要重视采用现代营销手段，包括注册商标、广告宣传、形象策划、连锁机制等，提高品牌产品的市场影响力，实现市场扩张。

（六）积极进行广告宣传，扩大农产品品牌知名度，树立产品和品牌形象

企业必须增强品牌意识，积极实施农产品品牌工程，通过广告宣传品牌、地域特色，树立产品和品牌形象，扩大市场份额，保证质量安全，提高产品档次，增加销售收入，使农产品品牌迅速成长起来。因此，从政府到农产品生产者、经营者都要有广告促品牌、促经营的思想，不拘形式、全方位地运用各种广告形式，尤其要运用整合传播策略和新兴媒体，及时、准确、经济地将信息传递出去，使农产品品牌在市场中拥有巨大影响力。在农产品品牌知名度提高的同时，要借助我国几千年的农业文明和现代科技、生物技术，不失时机地树立产品形象和品牌形象，打击假冒伪劣品牌，提高顾客对于品牌的忠诚度。

第三节 农产品品牌管理研究的背景、意义和目的

一、研究背景

在市场竞争日趋激烈的背景下，越来越多的企业开始认识到品牌是竞争制胜的法宝，是推动企业经济发展的重要动力。

改革开放以来，我国品牌经营发展惊人，品牌经营发生了两个深层次的改变：从过去单纯注重产品知名度，到现在注重顾客的忠诚度；从过去以价格占领市场，到现在注重产品内涵。品牌赢得了市场，品牌价值也就可以得到市场的认可。20世纪90年代以来，品牌在企业并购活动中扮演了重要的角色，品牌等无形资产的价值得到了肯定。民族品牌的成长使国家经济竞争力迅速提升。与发达国家相比，我国自有品牌价值还很低。

我国是农业大国，但是与其他行业相比，农产品品牌经营较为落后。改革开放以来，我国农产品短缺的时代已经结束。实践证明，优质农产品的品牌经营比一般农产品具有更高的售价和更大的销量。随着市场化程度的提高，特别是加入WTO以后，世界各国，尤其是发达国家的名牌农产品，正在逐渐进入我国市场，农产品市场的竞争日益激烈。因此，我国农业面对的不仅是国内农产品买方市场的形成，而且需要关注如何提高农产品的市场竞争力、如何抵御国外农产品对国内市场的冲击、如何在全球范围内发挥自己的优势等问题。农产品的市场竞争是产品质量的竞争。品牌是农产品质量和特色的重要标志，是联系商品和消费者的媒介。由于同类农产品在外观上难以区分，消费者认知和购买的主要依据就是品牌。因此，未来农产品市场必然是品牌产品的天下。

发展农产品品牌管理，可以实现农户同大市场的对接，增加农民收入，必将促进农村经济结构优化和产业升级，进而推动整个国家经济改革的进程。实践表明，只有创设品牌，农产品才能有规模、企业才能有信誉、产业化才能有发展。地方农业在改革实践中，对基于资源禀赋的农产品实施了地域品牌、绿色品牌、特色品牌等战略，形成了一批有影响的农产品品牌，如北大荒、华农、完达山等品牌。可以预见，农产品品牌时代即将来临。

二、研究意义

农产品品牌管理的研究在理论和现实两个方面有着重要意义。

（一）理论意义

1. 夯实农业产业管理与品牌相关研究的基础理论

农业通过产业管理实现规模经营往往着眼于资金、设备、生产资料和一般劳动力等有形资产，这些资源要素并不是一朝一夕可以形成的；而借助品牌这一无形资产可以将资源劣势转化成优势，但是品牌也具有显著的价值贡献不确定、难于计量与控制等复杂性特征。尽管目前关于农业产业化和品牌的相关理论研究已经取得了一定成果，但是由于品牌的独特性质和农业产业化的重要性，对其属性、运行规律等的认识目前还是初步的，有关理论还远不及传统的经济学、管理学等学科那样完善，相关理论与应用实践也远未成熟和获得足够的成果。究其原因，除研究对象的复杂性外，基础理论的不完善是重要因素。虽然有关品牌及品牌战略的研究已有较长的历史，并形成了较为完善的理论体系，但品牌应是农业产业管理的立足点，品牌管理在农业产业管理过程中必将呈现出复杂的规律性。

2. 丰富与发展基于资源要素的产业战略理论与品牌理论

从资源的角度挖掘产业竞争优势的成因，是近年来产业战略理论研究的新热点。研究表明，产业无形资源中的各种能力、文化等传统与非传统意义上的无形资产，尤其是品牌的打造，对于产业竞争优势的影响更为显著。而关于这些方面的研究尽管在品牌运营、品牌策略理论，特别是近几年讨论很热的品牌延伸理论方面，取得了许多成果，但综合而论，这些理论目前尚未形成理论体系。本书试图从品牌的理论分析入手，以品牌资源的战略评价为依托，探索农业产业管理的品牌化战略道路，对农业产业管理理论、品牌理论、品牌战略理论等相关方面进行深入研究。

（二）现实意义

1.形成差异化，摆脱国内农业组织"两面夹击"的困境

品牌的一个显著特征是其具有鲜明的个性，而农产品品牌管理的有效实施可以塑造强势品牌，更加突出品牌的个性。国内农业企业在成本上比不过外资农业企业，在低端产品市场不占优势，而在高端市场上又竞争不过国外知名农业企业。国内农业企业只有针对中档市场塑造具有自身特色的品牌形象，形成企业自身在产品性能及价格、营销体系、售后服务、企业文化等方面的特色，以便与国内农业企业和国外知名农业企业形成差异，在中档客户群中提高自身品牌的忠诚度（中档客户群体无经济实力购买高档产品，但他们又需要一定品质的服务）。因此，国内农业企业的品牌无形资产如果不使用，那么就不会形成差异化，而且会很快贬值；只有充分使用无形资产，才能打破壁垒，形成竞争优势，从根本上摆脱"两面夹击"的困境。

2.扩大资产规模，壮大自身实力

我国农业组织的一个致命弱点就是规模太小。虽然农业企业在扩大规模、实施品牌管理时具有一定的硬件基础，但加入 WTO 后与国外企业，甚至与国内外资企业相比毫无优势。从"九五"计划开始，农业企业开始进行大规模的技术改造，有相当一部分企业从国外引进了生产技术和装备。尽管这些大规模的技术改造是农业企业实施品牌战略的硬件基础，但是农产品品牌管理的实施有利于扩大规模，因为农产品品牌管理具有资本积累性的特征。首先，由于品牌具有无形资产的特性，随着品牌经营战略的实施，无形资产规模不断扩大；其次，如果品牌优势能够形成或创设名牌，那么会促进以优势品牌为龙头的资本运营、促进并购或组建名牌集团，有利于资本集中和资产总额的扩大，资产规模扩大、科研和广告费用的投入等才能大量增加，企业发展才有后劲。

3.提高与供应商和经销商的谈判实力

农产品品牌管理具有贸易杠杆作用，可以对贸易活动过程及其结果进行调节。首先，农产品品牌管理能调节贸易活动过程。第一，它能够促进贸易活动向强势品牌方向发展，使强势品牌企业在产业链上占据优势；第二，它会促进贸易活动的持续开展，当企业具有品牌优势时，上下游企业也就愿意与其结成长久的商业联盟，使企业的发展更加稳固；第三，农产品品牌管理能够调节贸易活动的结果，如可以提高知名品牌企业的市场份额和盈利能力。

4. 全面提升企业经营管理水平，夯实可持续发展的管理基础

农产品品牌管理是一个系统工程，绝不是做好某一方面的工作即可。必须走出目前社会上存在的"品牌就是技术先进""品牌就是高质量""品牌＝广告＋高质量"等误区。品牌战略不仅涉及产品、质量、营销、技术、扩张和传播等方面，而且强调整体领先性，即企业的各项工作必须整体上比别人好。没有这种领先，就无法形成优势，更无法营造品牌优势或创建名牌。因此，实施品牌战略可以全面带动企业内部经营管理水平的提升，夯实持续发展的管理基础。

5. 吸引和利用外资，突破发展中的资金、技术和管理屏障

外商在我国投资或合作办厂的目的是获得利益。外商在进入我国市场时，首先要找行业的龙头企业进行合作，以迅速占领市场。而农产品品牌管理有助于国内农业企业形成龙头企业，从而吸引国外知名企业与其合作。通过合作，可以突破农业企业在发展中的资金屏障，引进国外先进的技术和管理经验，加快提高企业的技术实力和管理水平。需要强调的是，通过开发品牌农产品，带动生产、加工、销售、服务等相关产业的发展，实现农工贸一体化、产加销一条龙，延伸产业链条，就地消化吸收农村剩余劳动力，不失为解决当前农村剩余劳动力出路、调整优化农村产业结构的最佳选择。换言之，农产品品牌管理不仅是发展农业的重要举措，而且是农业产业创新的经济发展战略，是全面建设小康社会的有力保证。从农产品品牌管理实践看，我国农业企业已经认识到品牌实力、品牌形象和品牌认知的重要性，认识到只有以品牌为立足点，才能有效规避农业产品结构与农村经济结构的趋同，抵御国外农产品的冲击。由此可见，创立品牌、发展品牌已经成为各地提升农业产业竞争力的新时尚，但这种转变才刚刚起步，实现这一转变任重道远。

三、研究目的

农产品品牌管理研究的总目标建立在品牌理论框架的基础上，具体来讲，包括以下几个方面的内容：从品牌理论、农产品品牌理论的国内外研究现状出发，在继承、完善现有的农产品品牌化理论的基础上，构建农产品品牌管理的基本框架体系；对我国农产品品牌建设的现状进行全面深入的考察，运用实证研究的方法，专题研究我国农产品的品牌整合。

第二章　国外农产品品牌管理研究

农产品品牌管理是一个长期的系统性工程，随着传统农业向现代农业的发展，农产品的品牌管理在现代农业经济发展过程中起着越来越重要的作用，特别是在市场经济发达和品牌化运作成熟的国家，作为农业市场化及农产品贸易国际化的有力支撑体系，农产品品牌管理发挥着巨大的作用。我国正处于现代农业建设与发展时期，加快市场经济体制建设，以及积极参与经济全球化，都需要充分关注国外农产品品牌化的发展状况，认真借鉴代表性国家实施农产品品牌化的管理、运作经验。

第一节　国外农产品品牌发展的历史和现状

一、国外农产品品牌发展的历史

（一）萌芽期

萌芽期的主要特征是重视产品及生产者的原产地"标记"。品牌跨越了大部分有记录的人类历史，记录了人们与商业、社会和文化的联系。由于生产力的发展，人类社会出现了商品交换，买卖人在公共场所雇佣人叫卖产品或使用图形标识吸引顾客的注意。公元前 600 年，巴比伦尼亚的商人在自家店铺外挂上标志物，用来描述其商业活动，以将其与竞争者区分。公元前 300 年，罗马商人用符号识别产品的制造者和销售者。在商品交换过程中，人们都希望换取对方最好的物品，口耳相传的品牌信誉对于交换的成功来说尤为重要。这便是品牌的雏形，随后产地和店铺的品牌也应运而生。

（二）成长期

商品包装和广告加速了品牌的成长。销售商把米、面和其他散卖的农产品装进纸袋中，将其进行包装，贴上商标，促进销售。1880 年以来，几乎所

有被广泛接受的产品无不借助了广告的力量而迅速发展。农产品的传播由自发变为自觉，商标被广泛使用和保护起来，品牌发展进入成长期。1857年，法国制定了世界上最早的一部商标法。随后，英国于1862年颁布了世界上第一部较为完备的《商品标记法》。1898年底，世界上已有79个国家颁布了商标法。与商标有关的法律在实践中不断进行修订和完善。商标法等法律制度为保护和激励农产品品牌发展提供了强大的制度保障。著名公司的商标比非著名公司的商标含金量高。使用商标也在某种程度上避免了价格竞争，广告、公共关系等促销方式显示出强大的力量。

（三）成熟期

20世纪初，买方市场形成，广告业蓬勃发展，推动了新包装产品的发展。农产品品牌的传播使农产品品牌开始走向标准化、规范化和商业化。品牌发展进入成熟期。创造品牌的过程就是让消费者使用和接受产品的过程，包括认知、使用、满意、推崇等阶段。信息科技的发展，首先体现在品牌认知阶段的缩短和认知群体的范围扩大。随着信息科技的进步，广告作为宣传品牌的主要手段，无论是在手段上还是成效上都有了很大的飞跃。当电视等媒体终端被普及到千家万户的时候，通过适当的广告途径，可以在几天的时间内使一个品牌为大众所知。交通工具的进步使农产品由产地向周边辐射，农产品被推广到世界各地。真正意义上的农产品品牌在这一时期才开始形成。

（四）拓展期

经过大浪淘沙的品牌，进入了品牌争霸时期。近20年来，科技发展一日千里，改变了农业完全受自然资源制约的情况，科技、人才和市场决定资源的所有权，以品牌带动农业资源的运作，促进资源的优化配置，推动农产品品牌走上新的发展之路。不断掀起的并购狂潮使品牌开始向全球品牌蜕变。世界级品牌的价值核心在于全球市场的持续获利能力。一般而言，全球品牌能够拥有比普通品牌更高的品牌溢价、知名度和忠诚度，反映到经济上就是能够在较长时间内获取比普通品牌更高、更稳定的收益。

二、国外农产品品牌发展的现状

（一）总体上呈上升趋势，但分布不平衡

世界农产品主要生产国和贸易出口国都着力打造自己的品牌。从农产品品牌的增长和分布来看，世界农产品品牌的发展呈上升趋势，但分布不平衡。从品牌分布来看，美国《商业周刊》（Business Week）公布的2005年全球百大品牌，所属国家分别为美国（53个）、德国（9个）、法国（8个）、日本（7个）、英国（4.5个）、瑞士（5个）、意大利（4个）、荷兰（3.5个）、韩国（3个）、西班牙（1个）、芬兰（1个）、瑞典（1个）。英国与荷兰出现非整数是因为荷兰皇家石油公司（Royal Dutch Petroleum Company）属于英国与荷兰两个国家，所以各占一半。总体来看，美国品牌表现最优，亚洲共有10个品牌跻身百大之列，由日本和韩国囊括。2007年，英国品牌顾问公司 Brand Finance 公布最新品牌的排行榜，从全球5 000个企业品牌中，选出250个最具价值品牌。前10位最具价值品牌只有一个不是美国品牌。可口可乐荣获全球最有价值品牌的称号，美国仍然以112个品牌（占44.8%）上榜的绝对优势保持品牌霸主的地位。美国风险投资基金间接控制了多个其他国家的知名品牌，其霸主地位难以撼动。占有率之高反映了大部分美国公司在建立全球领导地位及处理危机方面有相当突出的表现。250个品牌中，45个品牌来自中国、印度等亚洲国家。2008年世界品牌500强排行榜中，只有包括中国移动和中央电视台在内的15个中国品牌榜上有名。美国占243席，居第一位，法国和日本分别位居第二位和第三位。调查机构预测，未来数年将有更多的亚洲品牌相继上榜。

（二）各国品牌间差距较大

世界各国不同的农产品品牌在经济规模、市场占有率、全球化程度、技术开发、品牌价值和知名度等方面存在着一定的差距。中国是茶叶的故乡，茶叶的种植面积和产量位居世界第一，出口量是世界第三，但知名品牌数量少、价值低。而世界上最大的茶叶制造销售公司联合利华的立顿红茶是全球

第一大茶叶品牌，在超过 100 个国家内销售。据海关总署统计，2002 年中国出口茶叶 25.23 万 t，出口平均单价仅为 1.31 美元 / 千克。而被称为世界茶叶第一品牌的英国联合利华的立顿红茶，年销售额达数十亿美元，一个品牌超过我国茶叶的出口总值。

发达国家的农产品品牌价值运营已趋于成熟，发展中国家则处在发展阶段，全球区域分工体系的建立将有利于一国或区域品牌竞争力的提升。随着经济一体化的发展，全球竞争出现了非对称性，以致发达国家的品牌竞争力具有先天优势，发展中国家则因先天不足处于劣势地位。

跨国龙头企业、农民专业合作组织和农业行业协会是农产品品牌经营的主体和核心。农业产业化已经被世界发达国家的实践证明是农产品品牌发展的成功之路。农业产业化最早产生于 20 世纪 50 年代的美国，然后迅速传入西欧各国及日本、加拿大等发达国家，充分显示了农业产业化给农业乃至整个国民经济带来的促进作用。农业产业化在各国的发展模式多种多样，欧美较普遍的是合作社模式，其产生和发展推动了农产品品牌价值提升，该模式是在合作社巩固和发展的基础上，各地合作社自愿进行产业联合，逐步组成从地方到中央的联合合作社。

（三）品牌农产品正在排斥无品牌农产品

世界农产品市场正在逐步排斥无品牌的农产品。一方面，品牌农产品的需求收入弹性较大，随着消费者收入水平的提高，消费者会倾向于购买品牌农产品；另一方面，品牌农产品的需求交叉价格弹性较低。这两方面使品牌农产品面临着较大的市场机遇。随着人均收入的提高，社会对同质性强的农产品的需求不会随之同步增长，而对具有不同质的品牌农产品的需求却会高速增长。例如，法国是一个工业发达国家，同时也是一个农业大国，农业总产值占欧盟的四分之一，在欧盟各国中遥遥领先，农业在法国国民经济中已经成为一个重要的产业。随着食品种类的层出不穷，以及消费者要求的提高，消费者在挑选产品时，首先关注产品的品质，其次关注产品的口味和工艺，这一切都与产品品牌有关。

（四）著名品牌促进了世界经济的发展

不断涌现的著名品牌拉动了经济增长，促进了世界经济的发展。目前，国际市场上名牌所占比例不到 3 %，但市场占有率高达 40 %，销售额超过 50 %，个别行业超过 90 %。行业龙头品牌企业"繁衍"出企业集群。企业集群直接进入市场，从事大规模农业生产，并将农业生产、产品加工、贮运、销售，以及生产资料的生产与供应合为一体，形成完整的经济体系。利用创新"武器"、农产品优势和政策支持，龙头品牌成为开拓国际市场的"利器"。名牌拉动世界经济强势增长，名牌规模效应和资源优化配置作用发挥明显，改善了农业产业结构，提高了农业经济的整体素质。例如，法国有大量的农场和中小型企业依靠为达能公司供应初级产品生存，达能公司对于法国的意义"比珠宝都还要珍贵"。

（五）农产品品牌化成为国际间贸易竞争的新形式

品牌的附加值在国际市场的作用愈发显著。国际间的贸易壁垒也往往隐藏在品牌战略中。发达国家不断颁布新的技术法规，提高标准水平，规定苛刻的包装和标签要求，执行严格的质量认证制度和合格检验程序，以国家安全、环境保护及维护消费者利益为合法理由，构建贸易"屏障"。品牌成为贸易竞争的工具。而从发展中国家的角度来讲，实施品牌战略是冲破贸易壁垒的重要途径之一。

贸易全球化使消费者与生产者的距离拉大，产品生产的透明度降低，引起了消费者的担心。法国"原产地命名控制"体系，即在严格的生产标准和严密的过程监控基础上，产品经国家审核批准以原产地名称进行命名，该体系是法国政府为这些产品的原产地特性及质量提供了担保。例如，香槟酒和干邑酒等以原产地命名的产品，通过品牌使消费者了解该产品的原产地，保证产品具有与产地相关联的优质特性及特殊品质。

原产地命名产品在国家批准之前，其特性和质量已经在全国享有盛誉，国家通过"原产地命名控制"体系批准产品以产地名称命名，是对这一产品的官方肯定。因此，原产地命名标志代表着产品的声誉和身价，是产地的地域价值和无形资产。原产地命名产品的知名度和相对有限的产量，使产品能够保持一个有利的价格，给生产者带来附加收益。资料表明，法国 25 % 的农户可以从产地标志产品的经营中受益。

"原产地命名控制"指定区域内的每个生产者都可以享受地理标志的集体知名度。例如，法国香槟区年产量在 10 000 瓶以下的葡萄酒生产者，很难通过广告营销等方式提高产品的知名度，而原产地命名香槟酒则广为人知，这一知名度为产量较低的生产者提供了其产品销往世界的机会。

（六）农产品品牌化对社会经济体系协调优化的积极作用

品牌效益产生引导效应，成为经济资源合理配置及农业产业结构调整的重要因素。在实施农产品品牌管理的过程中，制定生产标准使地方政府和中央政府进行积极的"对话"，增加了相互间的信息平衡及透明度；政府机构对产品每个生产环节进行严格的监控，以保证食品质量与安全。国家实施品牌管理的过程，也是支持企业及产业提高生产及产品标准化的过程，为实施品牌战略打下坚实基础。

法国实施"原产地命名控制"制度是合理开发地区农业自然资源、促进地区生产发展的手段，特别是使一些地理、气候条件不好的区域，找到发挥其独特优势的机会。例如，正是有了奶酪的"原产地命名控制"，法国的山区才能够保持农户生产网络，尤其是博福尔奶酪推动了其产地——阿尔卑斯山脉地区的经济社会发展。

第二节　发达国家农产品品牌管理的建设经验

农产品品牌管理始于 19 世纪中叶，一些工业化发展迅速、市场体系建立较早的国家，在推进传统农业向现代农业发展的过程中，开始了农产品的品牌化管理。20 世纪中后期，品牌受到了前所未有的重视，国际品牌成为全球企业追求的目标。在经济全球化中，发达国家在推动农业市场化及农产品贸易国际化等方面发挥了巨大的作用。发达国家实施农产品品牌管理的运作经验，对我国加快现代农业建设、推进农产品品牌化、积极参与经济全球化具有重要的借鉴意义。

一、把实施品牌农产品作为农业经济发展的战略目标

（一）传统商业品牌的保值和增值

在经济全球化的大背景下，市场经济成熟的发达国家把品牌战略作为国家经济发展战略的一部分。在商品经济体系中，以产品商标、企业商号为主的品牌资源及无形资产是国家重要的经济资源和深厚的贸易资产。因此，在法制层面，政府代表着消费者的公共利益，通过与商标相关的法规对商标权实施保护，保障生产经营者的合法权益。例如，1992 年 7 月 14 日，欧洲理事会通过《关于保护农产品和食品地理标志和原产地名称的欧洲理事会第 2081/92 号条例》[（EEC）No2081/92]（以下简称"2081/92 号条例"），标志着欧盟建立了地理标志保护的专门法律制度。2081/92 号条例确立了地理标志的定义、登记程序和保护原则，指定了地理标志保护的产品对象。该条例于 1993 年 7 月 24 日生效，后又经过数次修改，其中有两次重要修改。一是 1997 年 6 月 12 日的欧洲理事会 N0535/97 号条例，授权欧盟委员会修改 2081/92 号条例的"附件 II 关于受保护的农产品范围"，还修改了与过渡时期相关的一些条款。二是 2003 年 4 月 8 日的欧洲理事会 No692/2003 号条例，这次修改是由 WT/DS174 美国诉欧共体案和 WT/DS290 澳大利亚诉欧共体案而引起的。修改内容包括引入国民待遇原则并完善相关制度、把对产品所注册地理名称提出异议的权力扩大到其他 WTO 成员、商标与地理标识的注册出现不一致时的法律应用、提高对于商标的保护水平、地理标志保护名称的范围、第三国名称的注册范围和受保护的范围等。

在经济层面，西方发达国家的政府通过财政、金融、科技等途径，发展品牌产业、支持品牌企业、扩大品牌贸易、推进产品品牌的建设。这些措施使品牌资源及资产保值和增值开始运作，是农产品品牌化的基本内涵。

（二）通过质量及安全认证构建新的农产品品牌价值体系

20 世纪下半叶以来，由于技术的长足发展及产品的日益多样化，现代食品生产加工过程的透明度越来越低，特别是自然资源、环境遭受严重破坏，食品安全事件频发，导致消费者对食品的安全性的信心不足。因此，政府出于公共利益需求的考虑，根据社会的经济技术水平，建立了不同类型、不同层次的产品质量标准体系，同时实施强制性的监控，使产品达到规定的标准，并且通过政府的信誉度证明或保证农产品品牌的真实性。国家认证标志成为一种价值高而稳定的品牌。在社会经济快速发展、人们生活水平不断提高的今天，人们对食品质量及安全的关注程度日益提高，有效的认证及标识就是农产品品牌价值。在这一方面，法国的做法最具代表性。

在法国乃至欧盟市场，食品种类繁多，商家竞争日益激烈，其中不乏假冒伪劣的违规行为。仅凭价格的高低已不足以区分产品的优劣，需要有一种有保证的质量体系来有效地区分产品的档次。因此，法国对农产品及食品的质量非常重视，制定了一系列的规章制度，在立法、科研、风险分析和评估、食品安全监控等方面进行全程跟踪，以确保食品的安全，消除消费者的顾虑。但是，从食品的质量来说，与消费者关系最为密切的并非烦琐的法律条文以及复杂的技术监控过程，而是在产品繁多的市场上如何便利地识别、选购优质产品。因此，法国政府多年来一直致力于创立和推广产品质量标识体系，使消费者能够通过加贴在食品上具有法律效用、代表产品某种优质特性及程度的标签，选择使自己放心和满意的食品。由此可见，保证农产品质量信誉、树立商品市场地位的过程就是实现农产品品牌化的过程。

（三）扩展农业功能，增加农产品品牌内涵

在西方发达国家，随着人们对农业功能的认识逐渐深化，环境、文化、传统价值等越来越多地在农产品品牌中有所体现。"生态""有机"等内涵不断增加，资源的合理配置、环保和可持续发展等条款也被纳入了产地命名的考量范围。越来越多的顾客从农产品品牌中领略、体味文化。法国人把体现历史传统的农产品看作法国文化遗产的一部分，所以对地理标志与原产地

标记农产品的认证，在法国成为国家推广民族精品、弘扬传统文化、推行浪漫的生活方式、塑造法国国家形象的重要途径之一。由农产品品牌支撑构建的区域品牌内涵是最为丰富的，其扩展和延伸的价值空间也是最为广阔的。

例如，法国的"原产地命名控制"使产品扩展和延伸了价值空间，提高了产品的社会效益。"原产地命名控制"的 AOC 标签最早是用在酒上的，后来逐渐推广到其他产品。如今，占大多数的是葡萄酒和奶酪。著名的原产地葡萄酒如香槟酒、干邑酒、波尔多酒、勃艮第葡萄酒等；原产地奶酪如罗克福奶酪、瑞布罗申奶酪等。也有一些其他产品的质量和品质或因地域关系，或因当地专门工艺而特有，如雷岛的时鲜马铃薯、西部普瓦图 - 夏朗特地区的黄油、东南地区格勒诺布尔的核桃等。

法国一个多世纪的经验证明，利用"原产地命名控制"体系对提高农产品的附加值、提升农产品贸易竞争力有着显著的作用，对于消费者、生产者、批准地域标志的国家也是有利的。

（四）注重创建品牌，发挥其引导效应

法国在国内实施"原产地命名控制"制度是合理开发地区农业自然资源、促进地区生产发展的手段。例如，波尔多地区集中了大量的葡萄种植农户，近 1 万家葡萄种植园，其中原产地命名控制的葡萄园近 12 万 hm^2。在这一过程中，政府通过该制度掌握生产和市场的情况，而品牌的创建为生产者及相关产业的进一步的"品牌战略"打下坚实基础

（五）通过农产品品牌化取得贸易竞争优势

由国家主导的农产品品牌化建设，使优质农业形成产业集聚效应，这种集聚效应形成了竞争优势，从而促进了品牌的形成。近年来，以农产品品牌产品为主的国际市场的竞争日趋激烈，欧美等发达国家以产品标准、质量安全为手段建立贸易壁垒。以品牌为抓手，抢占农业发展制高点，已经成为一些国家的通行做法。随着农业全球化水平不断提高，农产品品牌的竞争已经成为国际市场竞争的焦点之一。

（六）用农产品品牌争取国际贸易中的权益

商标及驰名商标、地理标志都是世界贸易组织《与贸易有关的知识产权协定》中规定的知识产权。以往，农业及农产品品牌、标识的知识产权体现少、保护弱；随着农业生物技术的发展、农产品全球化贸易的扩大，农业领域的知识产权问题将更加突出。发达国家大力推进农产品的驰名商标或原产地命名，使本国在国际贸易中争得话语权，国家作为农产品品牌知识产权的保障者及主权人，在 WTO 中表达自己的意志，维护自己的权益，争取自己的利益。不仅取得了知识产权的优势，而且为本国农业参与国际竞争提供了良好的国际环境。

二、西方国家政府农产品品牌管理的经验

西方发达国家建立市场经济已有 200 多年的历史，虽然各国在基础条件、人文环境和社会环境等方面存在差异，但是推进农产品品牌管理是各国政府的共同目标。农产品品牌管理是一个系统工程，各国政府在其不同环节、不同层次、不同阶段，以合理的方式承担应当的角色，发挥相应的职能，运用政府有形、无形资源，组织相关社会资源，管理、支持和推动农产品品牌管理，并在农产品品牌管理的运作过程中实现本国经济、社会的发展目标，普遍取得了明显的社会效益。

（一）各国政府都有明确的农产品品牌化发展战略

在发达国家，政府将农产品品牌管理战略作为国家农业以及经济发展战略的重要部分，构建了目标明确的农产品品牌管理的发展战略。法国的"原产地命名控制"体系的运作，就是以具备地方特色的优势产业为基础，把农业标准化建设与农产品品牌战略相结合，塑造了葡萄酒的"民族精品""国家品牌"，提高了国际贸易的绝对竞争力。同时，实施"原产地命名控制"制度可以促进地区生产的发展。

日本政府为推动农产品品牌管理，在两个方面做得较为突出。一是实行严格的农产品质量控制。日本颁布了一个"肯定列表"制度，对农业的投入

品，包括农药、肥料制定了 1 万多个标准，并把这些标准下发到各个农协严格执行。二是给予农协大量的资金补贴，即为其提供贷款贴息、无息贷款及农林渔业金库贷款等支持，如日本在新品种推广、农业基地建设等方面通过制定相应的补贴政策保证项目的顺利完成。此外，日本也在税收方面对农协给予政策优惠。

总之，农产品品牌管理已经成为西方国家明确的战略发展目标，品牌经济成为西方国家经济发展的骨干支撑，在优化农业产业结构、提高国家经济实力等方面发挥了不可替代的作用。

（二）通过政策及法令支持农产品品牌管理战略

在战略目标确定后，政府根据经济、社会、科技的发展情况，及时出台具有政策指导性的法令，推动农产品品牌管理战略目标的实现。法国在不同时期修订的《农业指导法》，就根据社会公众、国际市场对农产品质量的要求，制定农业发展政策，进而将政策落实到实际行动中。在 1999 年的《农业指导法》中，法国政府提出成立一个推进生态农业发展的公益性机构，2001 年"法国生态农业发展培训署"正式成立，专门负责生态农业的生产、培训和发展等事务，包括生态农业产品认证监控体系的建设；同时还把对生态农业的补贴纳入了"农业环境措施"的框架中，为生态农产品品牌打下了坚实的基础。

1999 年，日本通过了《食品、农业、农村基本法》，提出了关于提高食品安全性、确保食品品质、重视消费者需求等条款。农产品质量安全方面的立法涉及食品卫生、农产品质量、投入品（农药、兽药、饲料添加剂等）、动物防疫、植物保护五个方面。为了落实该法律，日本国会还通过了"流通三法"，即《特定农产品加工经营改善临时措施法部分修正的法律》《批发市场法以及食品流通结构改善促进法部分条款修正的法律》和《关于农林物资规格化及其品质正确标记部分修正的法律》。

（三）建立国际化品牌标准及认证体系

发达国家是农产品品牌管理先行者。发达国家有着健全的农业品质量认

证体系、评价标准体系，包括质量标准、特色标准、安全标准、卫生标准等方面。国家标准与国际标准一致或接近，并随着技术的不断进步和产品质量的不断提高，不断修正提升认证标准。例如，为了维护加贴红色标签产品的高品质标准，法国农业部以部令的形式颁布各种"技术说明细则"，对鸡、鸭、鹅、牛、羊等家禽、家畜产品和鹅肝、熟肉等加工品的标签规定内容进行周期性调整，以使其工艺标准得以不断的更新。超前的标准意味着品牌价值，法国农产品质量标准大都在其他国家之上，使其成为欧洲乃至世界的农业强国和农产品品牌大国。

认证体系与相关行政、司法体系协调配合，使破坏认证权威、侵害认证权益的行为得到遏制，维护公平竞争环境和市场秩序。在法国"原产地命名控制"体系中，国家原产地命名研究院官员可以作为"消费、竞争和打假总局"的官员进行工作。

统一的认证制度、统一的认证机构、统一的认证标准和认证程序是发达国家实施农产品品牌化的基本做法和成功经验。而认证工作的公正、公开、公平，保证了认证的权威性，有效地引导了企业提升产品质量。

（四）用农产品品牌保护本国农业

各国政府通过品牌战略的运作维持本国农业在经济全球化格局中的地位，在不违背WTO规则的情况下，保护本国农业。许多发达国家，如欧盟各国、美国、日本等，有针对性地更新产品质量、卫生、环境等标准，可以将其看作品牌战略中筑高贸易壁垒的操作。

日本对农产品实施身份证制度，除了保障食品安全、满足特色要求外，其作用还包括保护本国农产品乃至整个农业产业。由于日本农产品价格较高，生产者一定程度上受到了冲击，身份证制度限制了相当一批我国出口日本的蔬菜、饲料等农产品；即使有些农产品进入日本市场，身份证制度也引导日本国民在价格与质量信誉间进行有利于本国产品的选择。

三、发达国家实施农产品品牌管理战略对我国的启示

发达国家无论是要素市场还是产品市场都处于较高水平，其国家品牌农业发展的成熟做法和经验为我国的农产品品牌建设提供了重要的经验借鉴。

（一）提高农产品质量是发展农产品品牌管理的重要基础

发达国家普遍重视农产品质量。从日本农产品品牌化的过程来看，日本对农产品质量的要求达到了近乎苛刻的程度，排除贸易壁垒因素，农产品质量无疑是农产品赖以生存和发展的基础。因此，在我国农产品质量还存在严重问题的情况下，应大力推进农业标准化生产，加快夯实农产品品牌管理的基础。

（二）国家的战略重视是发展农产品品牌管理的前提条件

发达国家都将农产品品牌管理战略作为国家农业和国民经济发展战略的重要组成部分。美国政府对农产品品牌非常重视，单是负责农产品营销管理或与其有关的部门就有海外农业局、农产品营销管理局、消费者及销售管理局、农产品交易管理局等。其海外农业局 70 % 以上的年度预算用于农产品海外市场的开发与建设。为鼓励研究和创新、提高营销体系的效率、帮助农产品寻找新的市场机会，美国政府还设立了联邦农产品营销促进项目。法国通过"原产地命名控制"体系的运作，结合传统文化、地方特色，融合农业标准化建设与农产品品牌战略，塑造了享誉世界的葡萄酒国际品牌。由此可见，我国要塑造具有国际信誉度的农产品品牌，必须从战略上对农产品品牌加以重视。

（三）政府的政策扶持是品牌管理发展的必要手段。

在农业产业化和品牌管理的过程中，农业在与非农业的竞争中处于不利地位，政府必须长期采取强有力的保护和扶持政策。在美国，农业产业化和品牌化主要是市场力量诱导的结果，但政府的扶持和推动同样功不可没。从 19 世纪 40 年代到 20 世纪末，美国政府出台了一系列促进农业发展的政策

法令，推动农业产业化和品牌化的发展。其他发达国家也在投资、税收、金融、财政等方面实行优惠政策。相比之下，虽然我国出台了《中共中央国务院关于积极发展现代农业扎实推进社会主义新农村建设的若干意见》（中发〔2007〕01号），高度重视农业的品牌化建设，并实施农业优惠政策，但其力度远远不够。因此，我国政府应加大对农业品牌化的政策扶持力度。

（四）完善立法是发展农产品品牌管理的基本保障

发达国家的经验表明：凡是立法比较完备的国家，农产品品牌管理都取得了持续稳定的发展。农产品品牌管理的发展离不开政府的帮助和指导，而政府的帮助和指导首先体现在制定一系列法律法规，为农产品品牌发展创造良好的制度环境上。目前，我国虽然颁布实施了《农民专业合作社法》，确立了农民专业合作社的法律主体地位，但在品牌保护和发展问题上依然任重道远。

（五）实现规模经营是发展农产品品牌管理的客观要求

农产品品牌管理要求农业经营单位面向市场，实行企业管理，努力降低生产成本，提高产品的竞争和生存能力，这就要求农业企业实行规模经营。同时，农业市场范围不断扩大，农业与产前、产后部门的交易量急剧增加，要求扩大经营规模、降低交易成本。美国农业产业化和品牌化的经验充分证明，扩大农业经营规模是实现农业现代化的必然趋势。美国实施的公司制、合作制、合同制等经营方式，不仅扩大了农业经济活动的规模和效益，而且降低了市场风险。我国农业产业化和品牌化的实践强调发展一体化的管理模式，但农业的规模化管理程度比较低，因此应加快规模经营的步伐。

（六）严格的认证及标识体系是创造农产品品牌价值的有效途径

着眼于公共利益需求，根据社会的经济和科学技术发展水平，建立不同类型、不同层次的产品质量标准体系，同时实施强制性监控，使产品达到规定的标准，并依靠政府的信誉度，证明或保证其真实性，从而使国家认证标志成为一种价值高而稳定的品牌。这是发达国家农产品品牌化的成功经验。例如，法国有原产地命名控制、红色标签认证、生物农业标识认证和产品合格证认证四种认证方式，使法国成为欧洲乃至世界的农业强国和品牌农业大国。

我国也有相应的农产品认证及标识，但是其体系不完整、监控强制性不强、技术支持滞后等因素影响了农产品品牌价值，不能很好地引导企业不断提高产品质量。

（七）扶持协会是发展农产品品牌管理的重要举措

发达国家重视和支持各种农产品协会，通过必要的政策支持和有力的服务，打造非营利性的营销机构，支持其做好、做大产品销售，打造国际知名品牌。美国政府每年提供给协会的经费为 2 亿美元；法国农业部每年向法国食品和农产品营销协会提供 1.3 亿法郎的国际品牌建设促销费用，该协会每年组织 25 个参展团参加在国外举办的农业展览，参展企业可以得到展台租金优惠。

各种农产品协会在农产品品牌管理的建设中起着相当重要的作用。因此，政府在政策、资金和社会服务等方面应给予协会有力支持，这是我国推进农产品品牌管理必须重视的问题。

（八）广泛应用现代科技是发展农产品品牌管理的基本保证

科学化是农业产业化和品牌化的基本特征，大规模应用现代科技成果是发达国家农业生产力水平不断提高的动力和源泉。由政府投资发展农业教育、科研、推广"三位一体"的科教服务体系是美国农业现代化的一条基本经验，已被很多国家作为组织农业社会化服务体系的重点内容进行效仿。这一点也为我国所认可，问题是各级政府应如何在资金、政策、人才支持、信息服务上将政策落到实处，取得实际效果。

第三章 国内农产品品牌管理研究

第一节　我国农产品品牌建设的历史背景和研究现状

一、我国农产品品牌建设的历史背景

1949 年以后，我国国民生产和生活所需要的产品严重短缺，农产品也不例外。为了保证国家安全和社会稳定，在农产品长期短缺的形势下，国家对大部分农产品实行统购统销，同时阶段性地限制小商品经济的发展，这种做法在当时起到了一定的积极作用，但由于持续时间过长，对我国农业生产者的积极性产生一定影响，致使我国农业生产能力和农产品商品化程度未得到发展。农产品供不应求的状况使得消费者在购买农产品时处于一种"饥不择食"的状态，几乎没有人关注产品的品质、产地、包装、保质期、价格等，更不用说品牌了。竞争和品牌对于农产品的生产者来说是一个陌生的概念，因为他们当时关注的重点是如何提高农产品的产量并减少生产成本。

随着我国农村经济体制改革的推进，农业生产者的积极性得到了空前的提高，农产品产量与日俱增，农产品供不应求的状况得到了有效的缓解，农产品卖方市场的地位有所变化；而改革开放使得国民收入增加，生活水平提高，消费者的消费行为越来越成熟、越来越理性，选购安全卫生、健康营养的农产品已经成为多数消费者的共识。

由于农产品受环境、气候、管理等因素的影响较大，消费者在选购农产品时很难把握其选购标准。市场经济的不断发展也带来了新的问题，近年来，我国农产品"卖难"的现象较为突出，"增产不增收"成为农业发展的阻碍，农产品生产经营者开始意识到市场竞争的残酷性。随着农产品商品化程度的深化，品牌建设开始被农业生产者、经营者关注、了解、接受并付诸实践。我国加入 WTO 后，国际环境的变化对我国农业的发展产生了深刻的影响。长期以来，世界农产品贸易一直作为特例游离于世界多边贸易体制的管理和约束之外。从目前进展的状况来看，WTO 制定的《农业协议》还只是一个

农产品品牌管理

贸易自由化取向的改革方案，有待各成员国进行磋商，但是国民待遇原则导致国外高质、廉价的农产品大规模地进入我国市场，我国农业生产者、经营者遇到了前所未有的挑战，农产品市场的竞争异常激烈，建立和培育农产品品牌成为我国农业生产者、经营者提升市场竞争力的必然选择。

二、国内农产品品牌管理研究现状

我国农业经济管理学界关于农产品营销及农产品品牌理论的研究始于20世纪90年代初，当时我国开始出现农产品"卖难"的现象，并且这一现象伴随着农产品买方市场的形成而走向深入。在农产品品牌研究方面，相关文章主要发表在《农业经济问题》《山东经济战略研究》《中国农业资源与区划》《乡镇经济》等期刊上。大多数学者研究的是农产品品牌化与农业产业化的关系，对农产品品牌化理论的研究较少，具体来说包括以下几个方面的内容。

（一）农产品品牌化与农业产业化的关系

郁怡汉等充分阐述了实施农产品品牌战略的重要意义，认为实施农产品品牌战略不仅适应了现代社会发展的需要，满足了农业产业化生产组织方式的要求，而且充分体现和发挥了农产品生产地区的资源特色和优势。杨同芝认为商标的规范运作是实施品牌战略的关键因素。陈良珠不仅阐述了创建农业名牌的客观依据，认为创名牌是我国农业产业化的必由之路，而且分析了创农业名牌的途径和政府保障，同时就农业名牌评价问题进行了探讨，提出了评价农业名牌的基本原则。曾福生认为政府要通过研究市场，指导农业高科技企业和农户发展具有本地特色和竞争力的名、优、特产品，形成区域主导产业，同时对那些尚未形成经营规模但有明显开发优势的潜在产业要进行重点培育。

（二）农产品品牌发展策略

曹明宏认为在农产品品牌管理中开发绿色农产品势在必行。冯志丽认为农业标准化为品牌创立提供了条件，并且能够促进品牌健康发展，而且科技创新为品牌发展提供了保障。孔祥智认为农产品品牌管理要重视产品质量，在发展质量农业中一定要实行品牌管理。陈洁认为品牌管理应由传统的分散式管理发展为整合式管理，即在维持和提高竞争优势的前提下，企业把品牌管理的重点放在建立企业品牌（或旗帜品牌）与其他品牌之间的关系上，使其能够相互支持。

周发明在《农产品市场与营销》一书中较全面地分析了创立农产品名牌的对策，指出在创农业名牌的过程中，树立和强化农业名牌战略观念是前提，建设优质农产品基地是基础，提高农产品质量是关键，实行产业经营是重要途径，搞好农产品市场营销是重要环节。

陆国庆在《区位品牌：农产品品牌经营的新思路》中提出产品的区位品牌经营是克服农业衰退、增强农产品国际竞争力的有效途径，并就实施区位品牌战略的政府措施进行了研究，提出政府要使区位品牌合法化、组织化，要建立区位品牌质量认证体系，促进区位品牌的区域延伸。

王海忠认为新时代的品牌创新表现在以下四个方面：一是广告在塑造品牌中的作用已开始下降；二是充分利用顾客资料库，开展一对一营销；三是建立一个品牌不再需要经年累月的过程；四是品牌生命周期不断缩短，投资追本求源。

韦桂华认为提升品牌在国际国内市场上的竞争力，要采取以下新举措：一是纵联品牌，纵联品牌是指经营者控制着整个增值过程，从产品开发直到商品零售；二是开展模块营销，即将品牌分成若干模块，并将它们称为"不可或缺模块"和"可选择模块"，然后根据不同的市场需求、文化传统、风俗习惯、消费观念，将"可选择模块"与"不可或缺模块"进行充分有效的组合，使其能够最大限度地兼顾消费者的需求；三是品牌联合，即由两个或更多的品牌组成协作联盟，这种策略的关键在于消除消费者心头的疑虑，使其接受并信任不知名的品牌；四是实行品牌经理制，即一个品牌经理必须把产品的销售工作全部承担起来。

吴兴平认为实施农业名牌战略要以"四个优化、四个提高"为重点，即优化品质结构，提高优质农产品比重；优化品种结构，提高特色产品比重；

优化产业结构，提高农产品加工深度；优化区域结构，提高优势产业比重。同时提出要加强农业信息化建设，为农产品品牌化提供市场空间服务，加大无形资源优化配置的力度，增强农产品品牌的市场竞争力，实施组织创新，保障农产品品牌健康成长；要"用活政策强龙头，争创名牌出效益"。

（三）农产品品牌价值评价

白玉在《现代企业经营及评价研究》中，从财务价值、顾客价值、潜在价值三个方面构建了品牌经营绩效的评价指标体系，并提出了相应的评价方法。

林根祥在《品牌生态战略模式及其竞争力评价研究》中，从品牌的市场能力、管理能力、关系能力及基础能力四个方面构建了品牌生态竞争力的评价指标，并指出企业应在全面认识品牌生态竞争力表现形式的基础上，建立和运用科学的品牌生态竞争力评价方法，掌握品牌生态竞争力及其不同表现形式的变化趋势，为计划制订提供指导性依据。

陈树文在《基于顾客资产的品牌延伸评价研究》中，从顾客资产的角度来衡量企业进行品牌延伸的效果，将延伸产品的接受度和延伸产品对母品牌的影响置于一个统一的框架下进行评价，较为综合、全面地反映了品牌延伸策略对企业整体的影响。

第二节　国内农产品品牌管理现状

近年来，特别是 1999 年《农业部关于创名牌农副产品的若干意见》下发以来，各地把发展质量效益型农业作为最佳切入点和突破口，积极引导农村经济由数量型、传统型向质量型、效益型转变，基本形成了以农产品品牌开发为重点、以品牌效应拉动农民增收的发展格局。

截至 2021 年 4 月，获得中国驰名商标认定的商标共有 1 624 个，其中农产品获中国驰名商标认证的数量为 360 余个（啤酒、葡萄酒、味精、肉制品、乳制品、酱油、饲料、人参等），约占驰名商标总数的22.2%。通过全社会的共同努力，我国农产品品牌管理建设工作有了长足的发展，有效带动了优质农产品基地的建设，推进了农业标准化生产，提高了农产品国内外的市场竞争力，促进了农民增产增收。

一、制定了一系列的相关政策和管理办法

在农产品品牌管理建设中，各地结合当地的具体情况，制定了一系列的相关政策和管理办法，通过政策引导，激励企业提高品牌意识；通过具体的政策扶持，大力推进品牌战略；通过名牌农产品认定评选办法，规范名牌农产品认定。政策与办法的具体内容如下。

（一）指导意见

农业农村部和各省市相继下发一系列文件，提出了农产品品牌管理的战略意义和指导思想。2006年5月16日，农业部（现"农业农村部"）出台了《农业部关于进一步推进农业品牌化工作的意见》，主要内容是"为贯彻落实党中央、国务院关于'整合特色农产品品牌，支持做大做强名牌产品'和'保护农产品知名品牌'的要求，积极推进'农产品质量安全绿色行动'，提升农产品市场竞争力，促进粮食增产、农业增效和农民增收"，提出"充分认识新时期进一步推进农产品品牌化工作的重要意义""明确推进农产品品牌化工作的指导思想和工作重点""采取有力措施，全面推进农产品品牌化""加强组织协调，落实各项措施"等。

各地省委、省政府和地方办公厅也出台了一系列文件，主要内容为当地农产品品牌管理发展的指导思想和目标任务，体现了各地党委、政府对推进农产品品牌管理的重视和支持；有的地方还提出了推进农产品品牌管理的具体意见。例如，1997年初，安徽省决定实施农产品名牌战略，省政府出台了《批转省农村经济办公室关于发展名牌农产品意见的通知》（皖政〔1997〕10号），2001年安徽省政府出台了《关于组织实施农产品流通、品牌和农业产业化三项工程的通知》（皖政〔2001〕53号），进一步加大实施农产品品牌战略的

力度，同时结合实施农业产业化战略，不断提高农产品质量的总体水平，促进农业生产组织（企业）提高经营管理水平，优化农村资源配置，促进产业结构优化，加快技术进步，提高农业效益，增加农民收入。

（二）扶持政策

扶持政策多由各地党委、政府制定。为推动农产品品牌管理的发展，各地党委、政府提出了在信贷支持、税收优惠、流通便利、产品促销等方面的扶持政策。例如，黑龙江省政府对省级龙头企业的品牌发展制定了一系列的优惠政策。第一，对获得省级龙头企业的单位，在其购置固定资产、设备时，免征增值税中的进项税。第二，从2004年开始对省级龙头企业提供优惠贷款，各银行（除农行外）都扩大了对省级龙头企业的贷款范围，基本保证了龙头企业的资金需求。第三，在农产品运输方面提供优惠，将铁路运输单位纳入黑龙江省运输重点保障单位，及时提供和保障铁路运输工具；在公路运输上采取"一事一议"的办法，实行定额费等优惠政策，龙头企业可免交过桥费。

（三）名牌认定办法

名牌认定办法主要由各级农业主管部门颁布，对名牌农产品评价工作的组织实施、范围与条件、申报与评价程序、名牌农产品的管理等进行具体规定。例如，2007年10月15日，农业部（现"农业农村部"）出台了《中国名牌农产品管理办法》，该办法共6章27条，以法律条文的形式规定了名牌农产品的管理办法，以规范我国名牌农产品的评选认定工作，加强对名牌农产品的监督管理，实施农产品品牌化发展战略，提高农产品的市场竞争力；2008年3月27日，云南省出台了《云南名牌农产品认定管理办法（试行）》，主要内容包括"统一思想，充分认识新形势下做好农产品品牌化工作的重要意义，广泛宣传，认真做好试行办法的贯彻实施工作，精心组织，努力做好今年云南名牌农产品的评定工作"，在培育云南省农产品品牌、推进品牌农业发展等方面起到了积极作用。

二、初步建立品牌建设机构

实施品牌管理是各级政府义不容辞的责任，为推动农产品品牌管理工作，各地把实施品牌战略作为一项重要职责，将其纳入本地区的国民经济和社会发展规划，切实加强组织领导，引导企业争创名牌产品。各地相继建立了不同类型的组织形态，包括领导机构、协调机构、议事机构和工作机构等，如成立品牌战略推进领导小组、品牌战略推进委员会、农业名牌产品评审领导小组、各类产品评审办公室，以及相应的评审专家队伍等。比较有代表性的省（区、市）品牌建设机构如下所示。

（一）黑龙江省成立了品牌战略推进领导小组

黑龙江省于2001年成立品牌战略推进领导小组，建成名牌产品市场评价体系，先后召开品牌战略推进会、联席会等有关会议20多次，专题研究解决品牌战略发展中遇到的各种问题，强化了对品牌战略发展的组织领导。

（二）辽宁省成立了实施品牌战略协调小组

辽宁省于2004年成立以主管副省长为组长，相关厅局主要领导为成员的辽宁省品牌战略协调小组。作为省政府品牌战略协调小组成员，辽宁省农业委员会高度重视在农业领域开展农产品品牌战略工作，充分发挥农产品品牌对促进农业产业化发展、农业增效和农民增收的积极作用。

（三）内蒙古自治区成立了名牌农畜产品认定委员会

内蒙古自治区政府于2004年批准成立内蒙古名牌农畜产品认定委员会，由农业部门牵头，成员包括质检、工商等部门的专家和管理人员，负责全区名牌农畜产品的认定、监督、管理工作。委员会的日常工作由内蒙古自治区农牧厅市场与经济信息处负责。

（四）贵州省农产品评价工作的组织实施

贵州省优质（名牌）农产品的评价工作由贵州省农业厅负责组织实施。

贵州省农产品质量安全管理工作领导小组办公室的日常管理工作由省农业厅市场与经济信息处负责。

其他地区，如重庆、浙江、安徽等省份（直辖市）的农产品管理组织的情况与贵州省基本一致。

三、评选认定一批知名品牌

我国区域性农业名牌主要有以下几个特点。

（一）分布范围广、数量多

我国农产品涵盖了粮食、油料、蔬菜、果品、茶叶、畜牧产品、水产品及其加工产品，还包括农业机械等各个生产领域的产品。例如，2019 年，贵州省农业厅通过对全省万余家涉农企业进行筛选，经现场考察和产品比对，最终选定 1 200 家涉农企业、19 个产品门类，收入《贵州省特色优质农产品目录》，涉及大米、水果（桃子、杨梅、西瓜、梨）、蔬菜（辣椒、芸豆、竹蒜）、茶叶（苦丁茶）、乳制品、农产品初加工品（菜籽油、酒）等。

（二）技术含量高、附加值大

农业初级名牌产品都经过了科学的提纯、复壮和不断选育的过程，其优良品性稳定。各农业加工名牌产品经过了高技术研制和开发，并经过法定质检机构的反复认定，如天津的王朝葡萄酒、长白猪、马铃薯脱毒微型种薯等，这些产品的许多重要经济技术指标在全国名列前茅，在市场上得到消费者的广泛认可。

（三）经济效益好

名牌产品给企业带来的经济效益不可估量。例如，安徽省自 1997 年以来，评定了多批安徽名牌农产品，涌现出洽洽香瓜子、小刘瓜子、大平色拉油、金菜地茶干、汪满田茶叶、天方茶叶等一批知名品牌，生产企业取得了较好的经济效益。

（四）竞争力强

优势农产品或传统特色农产品在市场上有较强的竞争力，为广大消费者所追捧，销往世界各地，如苏州的洞庭山碧螺春茶叶、阳澄湖大闸蟹，无锡水蜜桃、太湖三白，镇江香醋，南京板鸭、盐水鸭、雨花茶等。

（五）带动作用大

名牌产品都有一定的带动作用，一个龙头企业或一个基地可以带动一个产业的发展，如山东省寿光蔬菜产业集团、福建省超大现代农业集团、黑龙江省北大荒米业集团等都是农业战线的名牌产品，这些企业均有数万亩生产基地，能使几万、十几万农户参与订单生产，使农民获得较高的经济收益。

四、组织多种形式的宣传推介活动

抓好农产品的市场营销是创名牌的重要环节。名牌农产品经过评选认定后，还需要接受消费者的检验，接受市场的挑选，最后要将产品转化为企业的效益、农民的收入。因此，各地对评选认定的名牌农产品的市场推介工作十分重视，有计划、有组织地开展了多种形式的宣传推介活动。通过名牌农产品的宣传推介活动，提高了农产品品牌的知名度和市场的占有率。主要做法如下。

（一）利用媒体进行推广

各地通过各种媒体手段，将生产企业的产品名称、注册商标、联系电话等信息广而告之，扩大产品的知名度。例如，在国内的主要报纸、行业报纸、当地报纸上专题宣传和刊登广告；编印农业名牌画册；通过电视专题展播；利用网络宣传；利用列车流动宣传；在国外进行广告宣传；等等。

重庆市将认定的名牌农产品在《重庆日报》《重庆晚报》等报纸上刊载宣传；组织编印了《重庆农产品品牌》画册，并将其作为对外宣传和赠送的礼品；每年与重庆电视台合作举办"重庆名牌农产品及绿色食品展播月"活动。

安徽省充分调动各方的积极性，形成政府、部门、企业共同参与的品牌宣传、推介机制。除企业加大投入外，安徽省政府还拿出部分资金对黄山毛峰茶叶、砀山酥梨、六安瓜片等进行了集体宣传；利用中央电视台扶贫广告宣传黄山贡菊等，都取得了较好效果。

黑龙江省对当年被评审为省名牌农产品的企业，开展了铁路旅客列车宣传，开通了哈尔滨—北京、哈尔滨—上海、哈尔滨—广州三趟旅客列车，并在列车上悬挂制作精美的产品宣传板。

（二）组织企业和产品参加国内外的各种展示展销会

各地利用各种机会，组织企业到国内外参加产品展示展销会，以扩大产品知名度，将产品推向市场。

在国内展示展销方面，黑龙江省充分运用中国绿色食品博览会、哈尔滨国际经济贸易洽谈会、齐齐哈尔绿博会、东北地区农产品博览会等大型会展活动的有效载体，使黑龙江省农产品逐步融入国内外经济大循环。吉林省充分发挥长春农博会的作用，大力打造吉林农产品品牌，推出了长白山人参、鼎吉大米等一批具有地方特色优势的农产品名牌，产生了良好的经济效益和社会效益。安徽省在上海市举办了安徽省名优农产品、绿色食品（上海）交易会。广东省举办了广东农产品（成都）交易会等。

在国外展示展销方面，重庆市举办了中国重庆名优农产品汉城展示会，参加了俄罗斯、马来西亚等国举办的国际农产品展示展销会。黑龙江省组织全省各市（地）龙头企业和农产品加工企业，参加了新加坡第十四届国际食品博览会，举办了马来西亚中国黑龙江农产品国际贸易商谈会等展销活动。

（三）开设名牌农产品专销区（柜）

将名牌农产品引入大型超市、大型连锁店、配送中心销售，开设名牌农产品专销区（柜），是不少地区成功的做法。

2004年4月，重庆市农业局与重庆新华书店集团合作，在重庆市解放碑中央商务区新华超市开辟专门区域，由重庆农业局授牌建立重庆名牌农产品销售专柜、重庆绿色食品销售专柜。专销区内实行准入制度，专门销售经过国家认定或认证的名牌农产品、绿色食品，确保产品质量安全。专销区深受广大消费者的好评，成为集中展示重庆名优农产品、引导消费的窗口，有力地促进了重庆名优农产品的生产和流通。

四川省将名牌农产品在成都伊藤洋华堂、麦德龙、家乐福、普尔斯马特、诺马特、摩尔百盛、好又多、成商集团等大型超市，以及红旗、互惠等大型连锁店、配送中心进行销售，并使其走向全国、出口国外。

第三节　我国农产品品牌管理取得的成效

一、提高品牌意识

推进品牌战略需要全社会的共同努力，需要政府的高度重视、企业的积极参与、市场的有效带动。通过多年努力，各方面的品牌意识有所提高，主要表现在以下几个方面。

（1）作为农产品品牌战略的推动力，政府和农业主管部门的品牌意识有所提高。全国已有30个省（自治区、直辖市）成立了品牌战略领导小组，据不完全统计，天津、重庆等16个省、自治区、直辖市开展了名牌优质农产品评价认定工作。各级政府和农业主管部门认真贯彻国务院《质量振兴纲要》，领会中央一号文件精神，进一步统一思想、提高认识，高度重视农产品品牌化建设，从政策、组织、资金等各方面大力支持农产品品牌化工作，为推动农产品品牌化提供强有力保证。

（2）作为农产品品牌的主体，企业和农户的品牌意识有所提高。通过对农产品品牌战略重要意义的宣传，引导广大企业经营者和农户转变思想观念，树立现代生产经营理念和正确的品牌意识，着力实施品牌战略，致力于品牌助农、品牌兴农、品牌富农，积极提高农副产品的附加值，引导企业争创名牌，走品牌管理之路。作为农产品品牌市场主体的企业和农户也开始开展品牌建设，例如，截至2004年底，浙江省共有10 700个农产品商标，为做大做强品牌提供了较好的基础。

（3）作为农产品品牌价值的实现者，消费者的品牌意识有所提高。近年来，我国的农业生产有了长足发展。我国加入WTO后，大量的国际优质农产品涌入国内，琳琅满目的农产品摆在消费者面前，形成了买方市场。消费者的口味越来越高，那些"品牌信誉度高、产品质量信得过、安全卫生有保证"的农产品才能够卖得出去。消费者品牌意识的提高，促进了企业和农户品牌意识的提升，使政府和农业主管部门更加关注农产品品牌的推进工作。

二、带动基地建设

生产基地是企业开拓国内外市场的依托和保证，是主导产业在地域上的一种表现形式。通过品牌化，各地建设了一批优质品牌农产品生产基地，推进了主导产业的区域化、规模化、集约化。

安徽省从农业结构的战略性调整出发，按照"优势产品区域化、大宗产品优质化、基地建设标准化"的原则，结合农业综合开发、以工代赈、扶贫开发等项目，突出区域特色，兼顾规模连片，避免产业雷同，建立了集中连片的标准化生产基地。截至目前，全省实施农业产业管理共建立了4 000多万家优质农产品生产基地，形成了优质粮油、家禽、黄牛、水果、棉花、茶叶及林特产品产业带。

渭北县认真落实《陕西省人民政府关于加快渭北绿色果品基地建设的意见》（陕政发〔2004〕12号），在渭北苹果最佳优生区选定300万亩（2 000 km²）苹果基地，按照龙头企业分工负责的办法，实施绿色果品基地建设。渭北县成为全国连片种植面积最大的绿色果品生产基地。

企业为了自身业务发展，积极投资兴建原料基地。贵阳南明老干妈风味食品有限责任公司在遵义县签订了建立3万亩（20 km²）无公害干辣椒基地和绿色食品原材料基地的协议。通过企业保护价收购、统一质量标准、统一价格和统一规划、统一供种、统一营养直播育苗、统一规范化移栽、统一施肥、统一病虫害防治等形式，协调企业和农户的利益关系。

三、推进生产标准化

农产品品牌化的核心基础在于农产品质量的提高，而提高农产品质量的关键是实施农业标准化生产。反过来讲，要用标准来规范农产品生产、检验农产品质量、统一农产品品牌。

例如，近年来，陕西省一方面推动"陕西苹果"原产地保护，另一方面狠抓苹果生产示范园建设，实现苹果生产的规范化、标准化。第一，编制苹果生产示范园建设标准、规程，制订苹果生产示范园发展规划，使示范园建设实现有序发展。第二，全面推广、普及苹果生产四大技术（大改形、强拉枝、巧施肥、套袋技术），按照"五统一"（统一品种、统一生产标准、统一技术方案、统一病虫防治、统一销售）的管理模式，推进标准化生产，提高产品质量。

四、提高产品的竞争力

农产品要赢得市场，必须营造自己的品牌，以品牌农业铸就强势竞争力。通过强化品牌意识，形成品牌效应，实现农业增长方式的转变及农业产业的升级。通过整合品牌和优化资源配置，扩大企业规模，增强企业实力，有力提升农产品的市场竞争力。

贵阳南明老干妈风味食品有限责任公司（以下简称"老干妈公司"）依托贵州省优势特色农产品——辣椒，被贵州省农业厅授予"贵州省优质农产品"。1997年，该公司实现销售收入691万元，上缴税收86万元；2003年实现销售收入4.8亿元，上缴税收7 800万元。随着企业的壮大，贵州省辣椒加工业实现了发展，继老干妈之后，省内涌现了诸多辣椒制品品牌，实现了农产品较高的附加值，形成了一个以老干妈为代表的辣椒优势产业和优势产业加工群体，并确立了贵州省辣椒及辣椒制品在国内市场的领先地位。目前，老干妈公司已经在全国所有省、自治区、直辖市建立了省级总代理，产

品的市场覆盖率达到了 100 %，而且产品已出口到美国、欧盟、加拿大、澳大利亚、东南亚等二十多个国家和地区，受到国外广大消费者的青睐和厚爱。老干妈已经成为全国辣椒制品的第一品牌。据统计，老干妈辣椒制品占全国辣椒制品市场份额的 60 % 以上，老干妈公司的产品种类、产品价格已经成为全国辣椒制品行业的"晴雨表"。

五、促进农民增收

由于各地评选认定的名牌农产品无一例外都是质量好、市场占有率高、消费者认可的农产品，生产这些产品的企业和农户通过名牌农产品的评选认定取得了较好的经济效益。农民或从区域品牌中获益，或从向龙头企业出售产品中获益，或从与企业建立紧密利益机制中获益。

四川省敦煌集团有限公司实行"公司＋农户"的模式，带动 1 万多户农民平均增收达 1 000 元，吸收周边 1 200 户农民务工，月工资在 300 元以上。峨眉山仙芝茶业有限公司，以自有的黑包山无公害茶叶基地为核心，依托"仙芝竹尖"品牌和资金、技术、市场优势，联合 27 家茶叶加工企业和 100 多家销售企业及 5 500 多户、1.65 万茶农，组建了仙芝竹尖茶叶产业化合作社，合作社统一按高于市场 2 % ～ 5 % 的价格收购社员生产的茶叶，并按经营利润在年终向社员分红，再按茶叶交售量向社员实行二次返利，建立了以市场为导向、龙头企业为核心、农户为主体、基地为基础、品牌为载体的合作经营机制，提高了农民的组织化程度，增强了产品的市场竞争力和销售量。

贵州省遵义市朝天辣椒获得"贵州省优质农产品"称号后，当天市场价格每斤上涨了 0.2 元，通过发展优质辣椒生产，已带动全县及周边地区发展辣椒种植面积 100 万亩（约为 666.7 km²），年交易量达 6 万 t，年交易额 4.5 亿元，增长 36.4 %，实现了市场与农户双赢的局面。2002 年，四川省锦屏县杉乡牌柑橘获得"贵州省优质农产品"称号后，产品由开始在本省及邻近省份销售，已通过订单销往华东、华北及东北地区，部分柑橘通过边贸销往东南亚国家。

第四节　国内农产品品牌管理存在的问题及障碍因素

一、存在的问题

20世纪90年代以来，随着我国品牌战略的实施，农产品品牌经营战略取得了很大成绩，使用品牌、商标的农产品越来越多，鲜肉、活鱼、鸡蛋等都贴上了商标。但从我国品牌的整体发展情况来看，与工业品品牌相比，农产品品牌发展滞后，其存在的问题有以下几个方面。

（一）农产品品牌绝对量少，发展速度缓慢

截至2015年底，国家工商总局累计核准注册农产品商标205.61万件，约占商标注册总量的22%。近年来，我国农业企业品牌建设力度在不断提升。统计显示，截至2016年底，全国"三品一标"总数达到10.8万个，种植面积3 000万公顷（30万km^2），约占同类农产品种植面积的17%；国家质检总局已对1 992个地理标志产品实施保护，为培育农产品品牌奠定了基础。从发展速度看，根据国家工商总局商标局的统计，1991年至今，在国际分类第三十类商品（主要为农产品）中，国内商标数量年均递增率为198%，农产品增长速度仅为商标总数增长速度的45%。也就是说，农产品商标发展速度低于我国商标的平均发展速度。即使将农产品商标扩大到所有农副产品，其增长速度也明显低于商标整体发展速度。

（二）农产品知名品牌和驰名商标少

我国是一个农业大国，全国各地都有不少特殊农产品，即农产品特产。但由于品牌意识的觉醒滞后，加上市场经济初期对农产品市场的忽视，目前权威部门认可的国家级农产品品牌"稀缺"。有的地方热衷于以行政区域搞品牌开发，"乡乡创品、村村有牌"，农产品规模小、层次低，驰名、著名品牌少。

水稻是吉林省主要的粮食作物。2017 年，吉林省粮食种植面积 502.33 万公顷（50 233 km²），其中稻谷种植面积 80.08 万公顷（8 008 km²），玉米种植面积 358.97 万公顷（35 897 km²），豆类种植面积 36.77 万公顷（3 677 km²），油料种植面积 30.84 万公顷（3 084 km²）。《吉林省 2017 年国民经济和社会发展统计公报》显示，吉林省全年粮食总产量 3 720 万 t，其中玉米产量 2 802.40 万 t，水稻产量 667.73 万 t。所产稻米除满足本省城乡居民外，每年有 80 万～ 100 万 t 的稻米可向外输出。在吉林省已注册的 100 多个大米品牌中，没有全国知名的大米品牌，市场上经销的多是没有牌子的散装大米，即使有品牌，也是"免淘大米""清水大米"等不知名的牌子。从注册商标上来看，如上文所示，截至 2021 年 4 月，获得中国"驰名商标"认定的商标共有 1 624 个，其中农产品获中国"驰名商标"认证的数量为 360 余个。由于经济相对落后、农产品发展缓慢，绝大部分农产品生产规模不大、经营零散，有的以作坊形式存在，有的以单个农户形式存在。农产品生产规模的局限导致了品牌的稀缺，限制了品牌的发展。

（三）农产品品牌区域间发展不平衡，影响整体实力的发挥

1. 品牌区域发展不平衡

我国区域间的品牌经营发展极不平衡，东部地区品牌的发展保持着强劲势头；中部地区虽然起步较晚，但发展较为平稳；西部地区的品牌发展则起伏较大。这样就导致了东西部差距越来越大。从整体上看，我国多数加工企业集中在大、中城市及东南沿海发达城市，这些城市把农村作为初级农产品的采购地和生产地，增加了运输成本。从总量上看，东部地区品牌绝对量多，中西部地区的品牌拥有量少。例如，截至 2005 年底，东部的浙江省注册农产品商标累计达到 32 486 件，而西部的重庆市农产品商标总量为 4 438 件，不及浙江省的 1/7。此外，东部的山东省、江苏省等地的农产品品牌发展迅速，而西藏自治区、青海省等地的农产品品牌发展有快有慢、很不平稳。

2. 强势品牌发展不平衡

从《中国 500 最具价值品牌》的统计中同样可以看到，我国农产品加工企业强势品牌的分布有着明显的特征。从地区分布来看，多数集中在大城市和沿海发达地区；从全国总体来看，东部地区农产品加工企业品牌数量最多，西部次之，中部最少。东部地区集中在大城市和东部沿海发达地区；西部地区受到国家优惠政策的影响，农产品品牌的比例也相对较大，主要集中在四川省、内蒙古自治区等地；中部地区则较少，远远落后于东部和西部地区。

3.品牌行业发展不平衡

在全球的农产品加工企业中，烟草与其他加工产品的品牌共同发展壮大，比例基本保持稳定；而从数据来看，我国烟草业占比高于国际水平，并且烟草企业的比例近几年始终保持迅速增长的态势，显示出我国农产品加工业品牌（包括烟草业、食品加工、饮料生产等）的整体发展呈现不平衡的态势。烟草业所占的比例较高，且发展速度要高于其他行业，而其他行业实力相对比较薄弱，导致我国农产品加工业品牌发展不平衡的格局。

（四）现有品牌的价值和影响力较弱

品牌价值的影响力不仅意味着市场占有率，而且意味着对消费者的精神文化和思想心理的控制。品牌的价值不仅代表着广泛的知名度，还代表着认知度、美誉度、诚信度、追随度和持久度等。目前，一些发达国家的农产品加工业的品牌知名度都很高，在各国都有很强的影响力，如可口可乐、百事可乐、雀巢、达能等品牌，在世界范围内广为人知。相比之下，我国大部分农业加工产品品牌的价值及在国内的影响力较弱，即使有一部分企业品牌在国内处于行业领先地位，但在国际上也处于品牌化的初级阶段，影响力非常有限。

（五）冒牌产品对品牌经营的冲击较大

对于品牌来说，最重要的莫过于声誉和形象。而冒牌问题在不同国家、不同地区的不同历史时期都有不同程度的存在。从国内名牌到国际名牌，假冒伪劣商品无处不在，不仅假冒商标、产品，而且连防伪标记也假冒，已经从简单仿制向成套、系列假冒发展。冒牌产品给农产品的品牌经营带来了巨大的冲击，影响了农业企业品牌的社会形象，降低了消费者对品牌产品的信心。品牌在消费者心中的形象一旦被破坏，企业要想恢复形象和弥补损失，必须付出巨大的代价。因此，只有扫除冒牌产品对市场的干扰，农业加工产品品牌的生命力才能更加长久。

（六）加工农产品品牌多，初级农产品品牌少

由于加工农产品大多是直接消费产品，消费者接触较多，容易形成品牌，而初级农产品扮演的是原材料的角色。在我国，原材料不使用品牌商标也能出售。这些产品主要由中东部地区的企业进行进一步的加工，其本身的产业链较短，很难为广大消费者所熟悉和偏爱，增加了发展名牌的难度。此外，我国很多农产品只有商品名称，没有品牌商标。由于我国农产品品牌商标的绝对量小，很多农产品没有品牌商标也能在市场上流通。进入市场的很多农产品，特别是初级农产品，仍处于"有品无名无品牌"的状态。

我国农产品品牌发展滞后既有自然方面的原因，又有经济与技术、社会乃至历史方面的原因，如农业生产受自然条件影响大，产品质量不稳定；农业产业化程度低制约了农产品品牌的发展；农产品不通过市场也可出售；消费者凭经验而不凭商标购买；等等。挖掘其历史原因，主要是计划经济体制下农产品短缺，不需要品牌也供不应求；而市场经济在我国处于发展阶段，品牌需要一个发展过程。但其根本原因是技术落后，大多数的农产品至今还没有实行标准化，或者是标准已经落后，无法满足市场需求，导致农产品质量标准不高、竞争力不强，难以形成品牌。

二、障碍因素分析

（一）主体品牌意识淡薄，营销观念落后

农产品品牌管理的主体是各个层次的农产品经营者（农户、农产品加工企业和农产品销售环节）。总体而言，我国农产品品牌管理主体的品牌意识比改革开放之初有所提升，但与发达国家相比还存在着很大差距，主要表现

在以下两个方面。

1. 重生产，轻品牌

品牌不仅是产品名称，而且可以体现产品品质、生产者素质、经营理念等。知名品牌成为一种信誉保证，在现代商战中成为克敌制胜的"法宝"。"酒香不怕巷子深"早已被公认为是错误的经营思想。实施品牌战略就是要塑造农产品的知名品牌。

2. 品牌运作简单化

许多企业都是取个名字注册，将这个名字当成品牌。事实上，创立品牌是一项系统工程，是由诸方面要素构成的，包括市场用户、产品质量、形象设计、销售服务、广告宣传、品牌文化等。在这个系统内部，产品质量是品牌的基础和中心环节，与其他诸要素之间相互联系、相互作用、相互影响，因此，在创立农产品品牌的过程中必须以质量为中心、以效益为目的，认真研究，全盘考虑，多方合作。

（二）农产品品牌管理滞后

我国农产品品牌数量很多，但名牌较少，有强势品牌力的更少。这与品牌管理滞后有直接关系。品牌管理是指企业通过品牌规划和创新，塑造高资产品牌的一种品牌文化行为，包括品牌定位、品牌识别体系设计、品牌传播推广和市场监测等。品牌管理滞后主要表现在以下几个方面。

1. 品牌管理意识缺乏或存在误区

许多农产品的生产者、经营者缺乏全面的品牌观，不能站在品牌的高度进行市场运作，在品牌管理问题上存在以下观念误区。

（1）把品牌等同于商标。商标只是品牌的综合象征和符号，它不是品牌本身，更不是品牌的全部。品牌是一个市场概念，必须得到认可才能发挥作用；商标则是一个法律概念，它只要得到政府职能机构的认可就能发挥作用。品牌属于消费者，商标掌握在企业手中。设计品牌、注册商标，只走完了品牌管理漫长道路的第一步。

（2）把品牌等同于产品。有些人认为做品牌就是做产品。但是产品只是品牌的载体，产品做得越久，其生命力越弱，直到被市场淘汰；而品牌做得越久，积累越多，品牌价值越高。

（3）认为品牌管理就是创名牌。品牌是一种承诺，品牌的形成依赖于品牌的知名度、美誉度和忠诚度。名声大的品牌不一定是真正的品牌，在当前我国市场机制不健全的条件下，存在许多假名、盗名和冒名的不规范现象，有时尽管"名"真"姓"实，但盛名之下，其实难副。

（4）认为品牌无须管理。其实品牌经营正如同打仗谋天下，正所谓"得天下易，守业难"。塑造一次性的品牌，疏于品牌的长期发展建设，往往导致企业只能在短期取得经营效果；只有从长远利益出发，科学管理品牌，才能形成品牌无形资产。

（5）重品牌形式设计，轻品牌文化建设。没有文化内涵的品牌缺乏灵魂，内不能统帅员工和产品，外不能影响客户和市场。

2.品牌管理环节不完善

（1）品牌管理以商标管理为主。不少农业企业的品牌管理主要是商标和专利权的管理，很少涉及专门的品牌管理，二者是截然不同的管理工作。商标管理以注册、续展、许可为主；品牌管理以创建、维护为目标，以定位、整合传播、定期检查为手段，是建立在科学的市场监测基础上的流程化运作。商标解决合法的问题，品牌解决合理的问题，商标管理只是品牌管理的一部分。

（2）品牌价值观缺乏专业定位。品牌价值观是品牌的核心所在，是品牌的个性化价值取向，来源于企业的各个层面，并指导员工行为和公司管理行为。品牌的价值取向与企业的长期目标共同构成品牌价值观。大部分企业没有进行过品牌价值观的定位，农产品品牌化管理在这一点上更为突出。

（3）缺乏对品牌运营过程的监测。品牌直面市场，市场又处于不断变化之中。企业所处的宏观和微观营销环境也在剧烈的变动之中。因此，企业必须设置品牌监测系统，定期检查品牌，才能理性认识自己的品牌。资料显示，仅半数企业设有品牌检查制度，农产品品牌化管理在这一点上也存在同样情况。

3.品牌管理体系不健全

（1）从行政管理体制上看，品牌管理体制不顺畅。国务院有关部门和一些行业中介组织，如国家市场监督管理总局和商务部，以及中国工业经济联合会、中国名牌战略推进委员会等，根据各自职能定位提出了名牌产品（商标）的评价制度和管理办法。由于政出多门，部分地区对于农产品品牌化、农业名牌认定的认识混乱。因此，有关部门、地方政府和农业企业应尽快确定由农业部门牵头、推进的农产品品牌战略中长期总体规划，明确农产品品牌化发展目标和工作重点，并以此制定配套政策，建立相应的政府工作机制。

（2）从企业内部组织上看，机构设置和管理方式不科学。在设置了专门品牌管理机构的企业中，也存在专业搭配不合理、分工不明确、权责不明晰、工作效率低等问题。许多企业对品牌管理的地位、管理流程等缺乏应有的认识。品牌管理部门有责无权。品牌管理通常以团队的形式出现，一般包括研发、营销、广告等部门的负责人。作为一个团队的召集人和组织者，品牌经理带领团队协调公司所有的对外活动，以保持品牌的一致性。据调查，在品牌部门与其他部门的关系中，沟通的概率平均不足50％，可见品牌管理部门没有足够的协调能力。企业的品牌如果不能"用一个声音说话"，那么就难以保证品牌的一致性。

（三）农业企业与农业专业合作经济组织经营能力薄弱

农业企业由于经营能力薄弱，难以承担起农产品品牌化战略建设重任。在农产品品牌化战略的运作中，企业与农业行业协会、农民协会发挥着非常重要的作用，但是农业企业与农业专业合作经济组织在经营方面还存在很多问题。

1.龙头企业数量少、辐射带动能力差

一是缺乏强有力的龙头企业，产品品牌分散、知名度不高。二是农民组织化程度不高，农户参与积极性不高、效益低下，无法达到农业增效、农民增收的效果。现代农业发展模式还未形成，距专业化、规模化、品牌化发展还有较大差距。

2.农业专业合作经济组织管理积极性低、力度不强

农业专业合作经济组织包括农民专业合作社和专业协会。各地在自发实行农产品品牌化建设的过程中，成立了各种农产品行业协会，如浙江柑橘协会、陕西果农协会等。其目的是为会员提供市场行情、技术培训、业务指导、咨询交流等服务，解决会员在生产、经营过程中的一些难题，同时开展对外交流与合作，并代表本行业与政府及有关部门协调。以早年的陕西果农协会为例，陕西果农协会在运行中存在以下问题：果农中自给自足的小农意识还很浓厚，普遍存在"等、靠、要"的思想；果农与协会之间没有形成利益共享、风险共担的运行机制；在协会内部管理上多以协会领头人的威望维持着协会的运转，协会和果农呈现出一种极其松散的组织关系；有些果农协会由于没有足够的资金，除了能够确保果农不误农时和生产资料的质量外，并未给会员带来经济上的实惠；协会领头人往往在多年的组织活动中，没有领取报酬或者领取的报酬抵付不了其在组织活动中的支出，从长期看，难以使协会领头人对协会事业保持长久的热情，果农协会的发展缺乏后劲；果农协会不是一个法人组织，资金实力较弱，签约的可信度低，承担违约赔偿的能力十分有限，使得果农协会普遍的抗风险能力低。

3.农业企业生产规模小、生产成本高、生产力水平低

我国农业生产者大多是"一家一户、分散经营"，生产规模、总产量较小，没有规模效益。生产管理没有总体规划，品种五花八门，产品收获后，无法进行品牌化运作。我国农产品的生产成本普遍高于国际市场，主要有以下几个方面的原因。第一，企业生产规模小，没有取得规模效益。第二，农产品生产者、经营者缺乏科学的生产经营手段，管理水平落后。第三，我国土地资源相对不足，使得农产品生产成本上升。生产成本是产品价格的重要组成部分，成本高就失去了竞争优势，进而削弱了农产品品牌的市场竞争力。第四，我国由于农业机械化程度低，农民隐性失业严重，单位劳动力生产率非常低。因此，我国的农产品生产还不是完全意义上的商品生产。而品牌经济是商品经济，是市场经济，商品化程度极低的农业经济是品牌化农业难以突破的障碍。

（四）农产品质量差，农产品生产标准化程度低

多年来，我国农业始终追求农产品总量增加，而质量问题往往不受人们重视。我国农产品质量差的具体体现为：首先，专用型农产品少，优质专用米、优质专用小麦等产品供不应求。其次，品种优良性差，科技含量高的品种少。再次，产品加工技术水平低，粗加工多，精加工少，缺乏科学的质量检测标准。最后，缺乏产前、产中和产后的质量管理，质量安全问题突出。

在美国和日本这样农业高度现代化的国家，农产品生产都以高度的标准化为基础。农业标准化是指农业的生产经营活动要以市场为导向，建立健全规范的工艺流程和衡量标准。日本的农产品生产从播种、收获、加工整理到包装上市都有一套严格的标准，如对于种西瓜，用什么品种、何时下种、何时施肥、施多少肥、何时采摘，都有严格的规定。正是由于标准化水平高，日本农产品市场竞争力极强，价格很高，一般相当于我国同类产品价格的 10 倍左右。而我国农产品虽然价格便宜，但由于标准化水平低，很难打入像日本这样的市场。

20 世纪 90 年代以来，我国虽然在农业标准化方面积极开展工作，并在某些方面取得了显著的成绩，但是从总体上看，面对农业结构性战略调整、农产品全球性竞争愈演愈烈的新形势，我国农业标准化工作还有很长的一段路要走。

（五）农产品品牌资金投入不足

一个好的品牌，从其设计、注册、宣传、保护，到最后形成品牌资源优势，要经历一个日积月累的过程，并且要花费大量的人力、物力、财力，要想保持这种优势，也要不断投入资金。而我国农产品经营方式是以家庭联产承包为主的分散式小农户经营，其资金积累非常有限。而大部分地区的集体经济名存实亡，农业合作组织也不完善，发挥不了应有的作用，致使分布在全国各地的农产品，以及一些颇有影响的地方特产、名产，无法形成品牌优势，在国内、国际市场上不能形成资源优势和规模优势。

国外对农产品促销活动的投入资金可为我所借鉴。以法国和智利为例，

法国的半官方机构 SOPEXA 在 1996 年用于国家促销的资金就达 6 000 万美元；智利政府在 1995 年建立了一个出口促销基金，专门促进农产品的出口，出口促销基金主要用于市场促销活动，1997 年，基金已达 17 100 万美元，一部分来源于智利政府，另一部分来源于私有部门。基金资助主要来自生产者或出口协会的要求，同时开始直接向私有部门提供资助和促销活动。例如，智利食品加工和农业工业联合会在该基金的支持下向欧洲市场出口冷冻和脱水食品，向北美洲、亚洲市场出口罐头产品，向拉丁美洲出口脱水农产品及罐头产品。促销的方式主要包括设立机构及贸易展览会。该协会每年会举办 600 ～ 800 个贸易活动，包括建立出口驻外机构及参加国际展览。用于促销费用的回报比约为 25 ：1，即每 1 美元的促销费带来 25 美元的回报。

（六）农产品品牌宣传匮乏、保护力度不够

与发达国家相比，我国的农产品品牌普遍存在弱、散、小的特点，品牌整体水平低。在品牌开发上，重创牌、轻培育，同一优势区域同一农产品品牌的数量繁多，品牌间存在恶性竞争，品牌整体优势不强，品牌整合力度不大，影响了优质农产品的品牌知名度。

农产品品牌知名度不高、竞争力不强，其原因还在于宣传匮乏。在各种现代传播媒体中很少看到农产品品牌的宣传广告，即使有也缺乏整体策划，传播范围不大，缺少地域品牌、国家品牌的形象宣传，品牌整体运作能力差。虽然我国出现了一批区域性名牌，但国家名牌较少，严格意义上的国际农产品品牌更少，产品的国际竞争力不强，品牌的附加值不高。

同时，对农产品品牌、名牌的监督管理与保护也不够。政府对地域品牌，尤其是历史悠久、百姓认可的地方特产品牌的保护力度不够，加之相关法律内容的缺失，对农产品品牌的各种侵权行为层出不穷，品牌制造"疯狂克隆"，假冒品牌及名牌行为花样翻新，令人防不胜防。另外，执法主体较多，没有形成合力，不能对假冒品牌及名牌行为进行有力打击。作为品牌主体的企业对品牌的保护意识不强，有些企业更是因为资金短缺等，无力维护名牌，致使我国有些优质产品还要贴上外国的品牌。

第四章　农产品品牌管理策略

第一节　农产品品牌管理的主要步骤

一、农产品品牌主体的培育和扶持

企业是市场经济活动的主体，也是农产品品牌经营的主体。任何农产品品牌，只有通过企业的精心经营才能做大做强。各级、各地农业部门要结合农业标准化、产业化和农业结构调整等重大项目的实施，引进、扶持或培育一批对本地农业有较强的开发加工能力、市场拓展能力和出口创汇能力的骨干龙头企业，对本地农业进行深度开发。

二、农产品品牌产品的开发与培育

品牌注册是农产品品牌化的初始环节，应结合优势农产品区域布局规划和特色农业发展规划的实施，有计划地开展农产品品牌的开发培育，注册一批优势特色农产品及生产基地的品牌。在此基础上，进行品牌整合和强势品牌带动，选择市场前景好、发展潜力大、市场占有率高的强势品牌，在生产基地建设、标准化生产、技术培训、质量控制体系、产品核心价值提炼、包装及市场开拓等方面进行重点扶持，以整合弱小品牌，培育主导品牌，使之成为促进农业发展的重要力量。农产品品牌化是解决农产品"优质不知名"和"优质不优价"问题的根本出路。众所周知，严格按标准生产农产品，必然出现农产品单产低、成本高的现象；没有品牌带动或市场准入制度不完善，必然出现优劣同价，这是当前我国农产品生产流通的现实情况。这种情况严重打击了生产优质农产品经营组织的积极性，实际上是变相鼓励劣质产品的生产与流通。这是多年来我国高档农产品短缺、普通农产品积压滞销的内在原因。因此，只有大力推进农产品品牌化，才能从根本上解决优质不知名和

优质不优价的问题，提高农产品的竞争力。

三、农产品品牌的评选与认定

农产品品牌的价值和市场竞争力，主要体现在知名度、忠诚度、品牌联想、品质感知和文化内涵等方面，要针对农产品和农产品品牌的本质特征，制定科学有效的品牌认定办法，建立切实可行的评价指标体系，组织开展省级、国家级品牌农产品的评选认定，形成一批影响力大、效益好、辐射力强的农产品品牌，使其成为带动农业发展、促进农业增效和农民增收的中坚力量。

四、农产品品牌的宣传与推介

品牌宣传、市场推介是农产品品牌化工作的重要内容，在农产品品牌开发培育和认定阶段结束后，企业可以通过报纸、广播、电视、网络等媒体，有计划地策划和组织农产品品牌的国内外宣传，通过各种平台开展市场营销，扩大市场知名度，树立农产品品牌的整体形象。同时，对消费者进行正确引导，帮助他们客观认识农产品品牌，培养其健康的消费心理和消费习惯，鼓励消费本地农产品和我国的名牌农产品。

五、农产品品牌的监督与保护

品牌通过注册、认定，具有明确的主体指向，应当依法予以保护。同时，品牌的质量、信誉和形象的维护也是品牌生命力的基本保证。应健全相关法律法规，建立相应的管理制度，切实加强品牌质量保证体系和诚信体系建设，纠正各种品牌标志使用的违规行为，严厉打击冒用品牌等违法行为，维护品牌形象，保护品牌主体的合法权益。

第二节 农产品品牌的命名

一、农产品品牌的形成因素

（一）农产品的差异性

品牌最重要的功能是区别同类产品中品质不同的产品，如果同类产品的品质完全相同，消费者就没有区分的必要了。随着农业科学技术的发展，农产品的品质差别越来越大。为了帮助消费者对农产品进行识别、挑选，也为了使自己的优质农产品不与劣质农产品相混淆，企业应创立农产品品牌。农产品的差异性表现在以下几个方面。

1.品种差别

不同的农产品品种的品质有很大差异，主要表现在色泽、风味、香气、外观和口感上，这些因素直接影响消费者的需求偏好。不同的农产品品种决定了不同的有机物含量和比例，主要包括蛋白质含量及其比例、氨基酸含量及其比例、糖类的含量及其比例、有机酸的含量及其比例、其他风味物质和营养物质的含量及其比例等。这些指标一般由专家采用感官鉴定的方法来检测。当优质品种推出后，得到广大消费者的认知，消费者就会尝试购买；当得到消费者的认可，他们就会重复购买；消费者多次重复购买，就会提高自身对品牌的忠诚度。

在实际的农产品创建品牌的过程中，农产品品种质量的差异性主要根据消费者的需求和农产品满足消费者需求的程度，从实用性、营养性、食用性、安全性和经济性等方面来评判。以水稻为例，消费者关心其口感、营养价值和食用安全性，水稻品种间这些品质的差异越大，就越容易促使品种以品牌的形式进入市场，使其得到消费者的认可。

2.生产区域差别

许多农产品种类及品种有其生产的最佳区域。"橘生淮南则为橘，生于淮北则为枳。"不同区域的地理环境，由于土质、温湿度、日照等自然条件的差异，直接影响着农产品品质的形成。许多农产品，即使是同一品种，在不同的区域品质也相差很大。以红富士苹果为例，陕西省、山西省的苹果品质优于辽宁省，辽宁省优于山东省，山东省优于黄河古道地区。从种类来说，东北小麦的品质优于江南地区，新疆西瓜优于沿海地区。我国地域辽阔，横跨亚热带、温带和寒带，海拔高度差异也很大，各地区已初步形成了当地的名、特、优农产品，如浙江龙井、江苏碧螺春、安徽砀山梨、山东鸭梨、四川脐橙、新疆哈密瓜、金乡大蒜等。因此，应因地制宜地发展当地农业，大力开发当地名、特、优产品，从而创立当地的品牌农产品。

3.生产方式差别

不同的农产品生产方式直接影响农产品品质，如采用有机农业方式生产的农产品品质比较高，而采用无机农业方式生产的农产品品质较差。采用受工业污染的水源灌溉严重影响农产品品质及卫生质量。在生产中采用各种不同的农业生产技术措施也直接影响产品质量，如农药的种类、施用量和方式直接决定农药残留量的大小；播种时间、收获时间、灌溉、修剪、嫁接、生物激素等的应用，也会造成农产品品质的差异。

4.营销方式差别

农产品要成为品牌商品进入市场，必须经过粗加工、精加工、包装、运输等一系列商品化处理，并对农产品的品质予以检验。同时，要建立农产品的生产、加工质量标准体系，开拓营销网络，实行规模管理。另外，市场营销方式也是农产品品牌形成的重要方面，包括从识别目标市场的需求到让消费者感到满意的所有活动，如市场调研、市场细分、市场定位、市场促销、市场服务和品牌保护等。提升农产品营销能力，有利于扩大农产品品牌的影响，提高农产品在市场上的地位和份额。因此，营销方式是农产品品牌发展的基础，而品牌的发展又能够进一步提高农产品竞争力。

（二）信息不对称

在市场上，产品是千差万别的，消费者由于信息差不可能了解其所购买的产品的全部信息，因此在购买产品时就产生了风险，即有可能购买到假冒伪劣产品。为减少这种风险，消费者会购买某种带有特殊符号的产品。这种特殊符号代表了这种产品的品质。消费者可以凭借这种特殊符号判断、选择产品，从而放心地购买产品。这里的特殊符号主要就是指品牌。品牌的作用是信息沟通。人们之所以"认牌"购买就是因为该品牌向消费者传递了这样的信息——该品牌旗下的产品是可靠的，或该品牌代表着一种特殊的精神力量。品牌产生的真正原因是产品存在差异，但是消费者又不知道这种差异（信息不对称）。目前我国的农产品已经具备了这种差异。但是，人们掌握的农产品信息并没有随着农产品差异化程度的加深而增加，人们对农产品的质量、安全问题心存惧怕却又无法判断，人们想购买那些高质量的农产品却无法识别。因此，确立农产品品牌至关重要。例如，我国很多地区都生产大米，但不同地区生产的品质差异很大，黑龙江省绥化市生产的寒地黑土牌大米无论是营养还是口感均属上乘。寒地黑土大米深受消费者喜爱，凭借的就是品牌。

（三）竞争

竞争是品牌的催化剂。如果没有竞争，那么品牌就不会产生。在一个企业完全不受限制地销售产品时，或者其产品供不应求时，品牌的重要性几乎为零。但是当竞争发展时，消费者便有了更多的选择，产品能否被消费者选中成为关乎企业发展的重要问题。企业竞争实质是产品竞争，这种竞争主要表现在以下几个方面。

1. 企业能否使消费者最大限度地了解自己的产品

消费者是否选择某个产品取决于他们是否知晓某个产品及知晓程度。需求产生欲望，欲望在条件允许的情况下产生购买力。消费者如果不了解产品，不了解产品对自己的益处，是不可能进行消费的。品牌可以帮助企业向消费者传递信息。品牌的这一功能满足了企业向消费者告知产品功能的需要。

2. 企业能否使消费者的利益最大化

消费者希望选择能使自己利益最大化的产品，谁能最大限度地满足消费者的需求，谁就赢得了消费者的心。企业通过建立品牌、宣传品牌、展示品

牌特色，能使企业的产品给消费者带去更多的利益。

3. 企业能否给消费者带来附加利益

优秀产品品牌除了给消费者带来物理功能方面的利益外，还能满足消费者的附加利益，如为消费者提供免费送货、免费清洗、上门安装、技术培训等配套服务。

（四）感性消费

有了品牌，企业的竞争力会大大提高，因此企业都会将品牌作为竞争的一个有力工具。当竞争到了一定阶段的时候，产品就会在某个高层次上实现"同质化"。不同企业所使用的技术与操作规范都是相同的，从产品功能上说各个企业的产品相差无几。这种情况会使消费者进入感性消费阶段。感性消费是指消费者在购买产品时不是根据各种理性指标如质量、价格等进行选择，而是根据个人感觉选购产品。消费者喜欢某产品不是因为某产品质量比其他产品好，而是因为该产品能反映其个性和需要。正如阿尔文·托夫勒（A.Toffler）所言，"我们正从'肠子经济'过渡到'精神经济'"。例如，很多青少年喜欢"劲王野战"饮料，不是因为该饮料比其他饮料好，而是因为该饮料很"酷"，而"酷"能代表青少年的个性。某些消费者花高价购买某品牌的高档西服，并不一定意味着该品牌的西服就比其他品牌质量好或款式好，而是因为这个品牌有一个非常尊贵的品牌形象。我国消费者目前对农产品的消费还没有达到感性消费这个层次，但是在我国加入 WTO 后，农产品市场的竞争越来越激烈，农产品的消费迟早会发展到这一层次。

二、农产品品牌命名的基本要求

为产品取名实际上是选择适当的词或文字来代表商品。对消费者而言，品牌名称是引起其心理活动的刺激信号，品牌名称的基本心理功能是帮助消费者识别和记忆商品。品牌名称给消费者带来的视觉刺激、感受程度和在心理上引起的联想差别很大，对生产企业的认知感也不同。

从一般意义上来讲，产品命名的基本要求是：当商品进入市场后，人们要认识它、记忆它，首先要记住的是它的名字，也可以说品牌名称是品牌形象设计的主题和灵魂。

（1）品牌名称要有助于建立和保持品牌在消费者心目中的形象。品牌名称要清新高雅，充分显示商品的档次，从而塑造具有"高级感"的企业形象。

（2）品牌名称要有助于使产品区别于同类产品。选择名称时，应避免使用在同类商品上已经使用过的或音义相同、相近的名称。如果不注意这点，难免会使消费者对品牌认识不清和对企业认识模糊，鲜明的企业形象的建立更是无从说起。

（3）品牌名称要充分体现产品属性所能给消费者带来的益处，从而通过视觉刺激，使消费者产生对产品、对企业认知的需求。这是企业形象深入人心的基础。例如，方欣牌大米的品牌名称谐音"放心"，能使消费者放心购买。

（4）品牌名称要符合大众心理，激发消费者的购买动机。这是品牌必须注意的问题。例如，消费者注重身心健康，注意营养元素的合理搭配，所以像富含硒元素的富硒葡萄、养神静目的静宁苹果一度受到消费者的青睐。

（5）品牌名称应注意民族习惯的差异性，这样树立企业形象才更有效，更具针对性。国内外各地区的喜好、禁忌不同，品牌的命名更应慎之又慎。

（6）品牌命名要合法。要遵循商标法和知识产权法的有关规定，否则容易"为他人做嫁衣"。

三、农产品品牌命名的常见技巧

（一）以产地命名

一方水土养一方人。许多农产品受水土的影响，其质量、味道、口感差别较大，因此农产品的地域性比较强。以产地命名有助于了解这些地方的人对产品产生亲近感和信任感，如原阳大米、山西老陈醋、莱阳梨、王屋山猕猴桃、上盘西兰花、三门青蟹、福建龙井、信阳毛尖、黄山毛峰、太平猴魁、六安瓜片、祁门红茶、明光绿豆等。

（二）以动物、花卉名称命名

用形象美好的动物、花卉名称命名，可以引起人们对商品的注意与好感，并使产品具有某种象征意义，如台州的玉麟西瓜、仙梅杨梅、千叶春大米，焦作的铁棍山药等。

（三）以人名命名

这种名称或以人的信誉吸引消费者，以历史、传说人物形象引起人们对商品的想象。如詹氏蜜蜂园的蜂产品、永福杜鹃花、禹王牌农机产品、台州的玉环文旦柚子等。

（四）以企业名称命名

以企业名称命名的品牌，突出了商品生产者的字号和信誉，能够加深消费者对企业的认识，有助于突出品牌形象，以最少的广告投入获得最佳的宣传效果，如方欣米业的方欣牌大米，三真米业的三真富硒米等，都是以企业名称作为品牌名称的典范。

（五）根据商品制作工艺和商品主要成分命名

这种命名方法是为了引起消费者对其质量产生信赖感，如山贝牌山货特产食品、其鹏有机茶、长园野生茶油等。

（六）以具有感情色彩的吉祥词或褒义词命名

这种命名方法的目的是引起人们对商品的好感，如好想你枣片、金玉滁菊等。

（七）以现代科技命名

用这种方法命名具有时代感，使消费者有现代、时髦等感受，如 SOD 蜜苹果等。

第三节　农产品品牌的推广

随着农产品市场竞争的不断加剧，消费者逐渐对品牌农产品表现出认同和信赖，农产品市场期待着更多农产品品牌的涌现，而农产品品牌的塑造与品牌推广密切相关，缺乏品牌推广的农产品很难得到市场的认可。品牌推广，即品牌宣传，是品牌建设的最终目的。企业通过品牌推广将品牌最终送到消费者手中，从而实现品牌价值。品牌推广促使消费者决定购买某产品，是农产品市场营销的基础和动力，是传递农产品价值、塑造品牌个性、培育农产品品牌知名度和美誉度的重要手段。鉴于农产品本身的特点和农产品品牌塑造的特殊性，笔者着重对影响农产品品牌推广的要素进行分析，以期为农产品品牌的成功推广提供借鉴。

一、农产品品牌推广的重要性

（一）推进现代农业社会化、市场化、商品化和专业化的发展

推广农产品品牌使其适应现代社会发展的需要，符合农业产业化生产组织方式的要求，适合农业生产专业化、商品化的特点，为改变传统农业的"弱质性"、形成优势产业创造了条件。

（二）降低农产品的生产和运营风险

我国传统农业是小农经济结构，以户或村、组为单位分散经营，技术操作流程及生产加工流通环节由生产者或经营者人为控制，缺乏制约和标准，随意性较大，农产品经营面临着较大的自然风险和市场风险，且其抵御风险的能力比较差。借助品牌推广提升农产品知名度和美誉度，有利于稳定农业生产、降低市场风险、提高农民的收入。因此，应该提高农民的素质，加强农业产业化的管理，提高农产品的质量，打造品牌农业，以降低生产运营中的风险。

（三）提升农业企业的市场竞争力

品牌推广有利于传递农产品品牌的核心价值，提升农业企业形象，提高农业企业的竞争力。同时，品牌推广使农产品生产商、分销商、服务商等供应链合作伙伴的联系更为紧密，从而提高农产品销售的市场效率。此外，品牌推广促使农业企业注册商标、申请专利，较为有效地排斥了竞争对手的进入，最终提升了农产品的市场竞争力。

（四）增加消费者的顾客让渡价值

一方面，品牌推广为消费者提供甄别农产品质量的重要标识，节约消费者的购物时间和精力，从而节省消费者的消费成本；另一方面，农产品品牌提升了农产品的产品价值和形象价值，提高了消费者的满意度。

二、农产品品牌推广的主要方式及决策因素

（一）农产品品牌推广的主要方式

品牌推广策略包括推式策略和拉式策略。推式策略把农产品由生产商转向批发商再转向零售商，最后由零售商将农产品销售给消费者。其中，人员推销是主要的推广手段，广告、公关和促销是辅助手段。拉式策略通过树立良好的品牌形象使消费者产生购买欲望，使消费者面向零售商的购买需求逐层向上，传递给批发商和生产商。其中，广告和促销是拉式策略的主力。

（二）影响农产品品牌推广的决策因素

1.目标定位

品牌推广方式必须与品牌目标定位一致。任何一个品牌推广的进行，都必须明确产品的目标消费者，有针对性地对消费者进行教育、影响，甚至直接说服其购买产品。为提升推广效果、扩大品牌的知名度，必须找准目标消费者。例如，高档的农产品品牌，一般价格都比较高，其目标消费者应多为高收入阶层或者社会声望和地位都比较高的消费阶层。

2. 产品类型

农产品可分为消费型农产品和再加工型农产品两大类。消费型农产品是指供消费者个人或家庭消费的农产品，其品牌推广应以广告为主，其他方式为辅；再加工型农产品是食品加工企业、餐饮企业等组织机构满足其再生产、再消费或组织机构运作需要的农产品，其品牌推广应以人员推销为主，其他手段为辅。

3. 产品生命周期

通常情况下，在导入期，应以报道式的广告为主，促销为辅，鼓励消费者尝试使用新产品，旨在提高产品品牌的知名度。在成长期，消费者对品牌的认知水平大大提高，应加强广告和促销力度，促使消费者购买，重在提高产品品牌的美誉度。在成熟期，推广重点应转变为提醒老顾客重复购买，维持高水平的销售水平。

4. 产品包装

包装是品牌形象的重要组成部分，不仅是品牌形象的直接体现，也是品牌持续传播的主要载体。粗俗、简陋、毫无特色的包装无助于促销产品，会大大影响产品的品牌形象；精美、灵巧、实用、特色鲜明的包装一旦与产品的特性相适应，便会直接激发消费者的购买欲望，甚至消费者在使用后也舍不得扔掉，这样一来，产品包装便会发挥更为持久的促销作用。长期以来，农产品销售一直对包装不够重视，存在着"一流产品，三流包装"的普遍现象，这也是许多农产品利润较低、品牌效应难以发挥的主要原因。

5. 推广预算

如果品牌推广的投入过低，不仅宣传范围会受到限制，而且宣传效果也会大打折扣；如果投入过高，超出企业的预算或承受能力，虽有可能获得一些促销效果，但会增加成本、降低利润。因此，农业企业的品牌推广费用必须与企业的实力相匹配，做到量力而行。运用有限的推广预算发挥最理想的推广效果是制定推广策略的关键。

三、农产品品牌推广的战略模式

（一）口碑传播

农产品消费是重品质的消费，而品质只有经过体验才能被感知。感知的效果因人而异，只有满意的顾客才会积极地为产品做宣传，才能为品牌推广做贡献。因此，口碑传播成为农产品品牌推广的最有效的手段之一。口碑传播就是让对产品满意的人将产品推荐给亲朋好友，在与亲朋好友进行交谈的时候，人们都是没有戒心的，信息可以直接到达受众的心底。口碑传播是人们面对面的沟通方式，是最直接、最高效的信息传播方式，容易成为一个"圈子"中一个时间段的谈论话题。其说服力比广告、公关及其他任何推广方式的说服力都要强，这也是终端推广乃至企业推广的最高境界，即"让别人主动为你说好话，让消费者为品牌做推广，而且不需要付出任何代价。"因此，口碑传播可以作为终端推广的永恒目标。口碑传播的要领是产品品质好，并且有意识地对产品特点进行总结，最好将其概括成琅琅上口或者易懂易记、幽默风趣的传播语言。

（二）广告策略

大众传媒是农产品品牌推广的主要工具。在品牌推广时，要根据农产品的市场定位确定产品优势，准确把握消费者的真正需要，卖点要鲜明，引导和影响消费者对农产品的认知、偏好以至最终的选择。一般来说，在进行广告推广时，广告诉求的对象应与产品的目标消费者一致，广告推广方式应与产品的传播特点一致，广告推广组合应与目标市场的要求一致，广告推广应与产品生命周期同步，并选择目标顾客的最佳接受时间。

广告策略主要包括以下几种形式。第一，四大媒体广告。报纸广告覆盖面广、成本低廉，适合品牌农产品的长期宣传；杂志广告图文并茂、针对性强，凸显品牌农产品的质量档次；广播广告制作简单、目标受众的文化层次不受限制，在乡镇区域的传播效果尤为显著；电视广告生动立体，在注意度和记忆度方面具有独特优势。第二，售点广告。售点广告设置于商店的柜台、天花板、地板等处，可以美化购物环境，提醒消费者认牌购买。第三，包装广告。包装广告有利于保护农产品，防止其在物流过程中变质腐烂；包装可以成为品牌标识的载体，吸引消费者注意并形成偏好。第四，网络广告。网络广告是近些年发展十分迅速，而又备受年轻人欢迎的媒体形式，具有明显的非强迫性、交互性、实时性、经济性、形式多样性、易统计性等特征，有利于弥补农产品市场信息不对称等方面的不足，拓宽农产品品牌的传播空间。很多地方政府和企业利用网络推广农产品，已经取得了非常明显的效果。

（三）公共关系促销

公共关系促销是通过塑造企业的形象，提高企业或产品的知名度和美誉度，给公众留下积极美好的印象，间接促进产品销售的品牌推广方式。适合农产品品牌推广的公关策略主要有以下几种类型。第一，主题活动。在重大事件、体育赛事或纪念日，举办庆典、比赛、展览会、演讲等专题活动，加强与公众的沟通，向公众传递企业动态，扩大农产品品牌的影响力。第二，公益活动。企业可以通过赞助或向教育、环保、公益事业进行捐赠的方式赢得公众好评，树立良好的品牌形象。第三，媒体报道。新闻、专题报道、现场采访等媒体报道具有较高的权威性、真实性和知识性。公共关系促销虽然见效慢，但对品牌形象的塑造和传播却极为有效，运用巧妙的话，往往能有事半功倍的效果。

（四）人员推销

人员推销是企业的销售人员当面或通过其他沟通手段向具有购买欲望的消费者介绍商品、推销商品的推广方式。品牌推广需要建立强大的推销队伍，重视人员队伍的招聘、培训、评估和激励，并且注重人员推销技巧的运用，通过展示、演说等方式，积极传递品牌信息，与消费者建立长期的客户关系。

（五）实地推广

消费者对农产品的天然状态、原产地十分感兴趣，似乎只有原产地的东西才最正宗，因此许多人喜欢借旅游、出差、路过之机到原产地购物，甚至

有些人专程到原产地购买产品。因此，利用原产地的优势进行品牌推广十分重要。由于许多农产品具备地域特征，目前农产品组织化的程度还较低，品牌保护意识还比较淡薄，一旦某个地方的农产品出了名，附近的同类产品便会"攀龙附凤"，以至于鱼龙混杂、良莠不齐，影响农业企业的发展。

（六）促销策略

1.面向中间商的促销

该促销策略具体包括以下内容。第一，免费提供陈列样品。生产商应经常向中间商提供陈列样品。第二，订货折扣。批发商和零售商在规定期限内订购品牌农产品超过一定额度时，可以享受折扣优惠。第三，推广资助。应给予中间商一定的推广津贴或推广物资。第四，销售竞赛。在批发商和零售商中发起销售品牌农产品的竞赛，给予优胜者奖金。

2.面向终端消费者的促销

农产品无论是采用直营还是利用中间商网络进行促销，最终都要通过终端进行产品的展示和销售。终端产品展示的形象直接影响消费者的购买欲望和购买行动。因此，农业企业必须重视渠道终端现场的品牌推广工作。终端品牌推广集中体现在品牌宣传、品牌展示、摆放位置、促销介绍等方面。在促销时，产品包装至关重要；选择合适的摆放位置，集中大量摆放统一品牌的产品也会产生较强的视觉冲击力；促销员用得体的介绍充分展示产品的卖点，传播品牌的文化内涵，是品牌推广的有效手段。

面向终端消费者的促销可以采取以下方式。第一，赠送样品。采用上门派发、商店提供、随产品附送等方式，让消费者体验品牌农产品的价值。第二，购买奖酬。消费者购买一定数量的品牌农产品可以获得相应的奖励，包括赠品、返现等形式。第三，捆绑销售。将品牌农产品与其他产品配套出售，售价低于单件商品分别出售。第四，现场试尝。在销售现场邀请消费者试尝，提高消费者对品牌农产品的认知度。

第四节　农产品品牌价值的评估

当市场竞争由产品竞争阶段进入品牌竞争阶段，品牌价值便成为衡量企业综合实力的主要标准。出于不同的目的，越来越多的企业和机构开始重视对产品品牌价值的评估。这种价值评估不仅要反映产品品牌目前的市场价值，而且应该体现品牌的发展潜力价值。在我国农业领域，农业产业化的发展带来农业生产的规模化和标准化，为品牌战略的实施奠定了基础。同时，农业产业管理的发展，使我国的农产品走出了短缺时代，农产品质量的差异愈发明显，农产品市场竞争更为激烈。因此，进行农产品品牌价值评估具有更为深刻的内涵。

一、农产品品牌价值及评估的内涵

品牌价值是品牌管理的核心要素，也是某一品牌区别于同类竞争品牌的重要标志。"品牌的资产主要体现在品牌的核心价值上，或者说品牌核心价值是品牌精髓。"品牌作为一种无形资产之所以有价值，不仅在于品牌形成与发展过程中蕴涵的沉淀成本，而且在于其是否能够为相关主体带来价值，即是否能够为其创造主体带来更高的溢价及稳定的收益，是否能够满足使用主体的情感和功能效用。因此，品牌价值是企业和消费者相互联系、相互作用形成的系统概念，体现在企业通过对品牌的专有和垄断获得的物质文化等综合价值、消费者通过对品牌的购买和使用获得的功能和情感价值上。

品牌价值的基础是产品或服务的质量，以及品牌为消费者提供的附加利益，是一种超越生产、商品、有形资产的价值，是生产经营者垫付在品牌方面的成本，是品牌竞争力的直接表现。

农产品品牌价值是指"农产品品牌给农产品或农业服务项目带来的超越其功能效用的附加值或附加利益，这种附加值或附加利益表现为农产品品牌给农业企业和顾客提供超越产品或农业服务项目本身利益之外的价值。"

农产品品牌价值评估是指根据特定的评估目的，在充分考虑农产品品牌特点的基础上，由专门机构和专业人员依据国家相关的法律、法规、规章及制度要求，运用科学的评估方法，遵循公平原则，以货币为计量单位对农产品品牌进行全面系统的评定估算，以确定农产品品牌的价值。这种评估具有动态性，是一种带有鉴定功能的社会经济活动，是对特定主体拥有的农产品品牌进行验证、审核、评定、估算的过程，其结果不仅反映了品牌本身的价值，而且体现了主体的综合实力。正确理解农产品品牌价值评估，可以从以下几个方面把握。

（一）农产品品牌价值评估是一个动态的过程

首先，进行农产品品牌价值评估不仅要考虑产品品牌的形成过程，而且要结合品牌的发展潜力评估其市场价值。原始成本的积累对品牌价值的形成固然重要，但发展潜力更能反映品牌的潜在价值，更能体现品牌的综合实力。其次，在市场竞争日趋激烈的前提下，消费者对产品的要求越来越高，因此进行农产品品牌价值评估不可能在静态条件下完成，农产品本身的特点及其所处的不断变化着的市场环境，决定了农产品品牌价值评估必然是一个动态的过程。农产品的差异性对评估工作提出了不同的要求，导致对品牌进行评估的侧重点有所不同。市场环境的变化是对评估工作的考验，评估人员需要根据不断变化的环境，评估农产品品牌的实时价值。

（二）农产品品牌价值评估是一种社会化经济活动

进行农产品品牌价值评估的目的主要有两个：一是企业为了明确市场定位，确定该产品品牌在行业中的位置，需要评估产品品牌的市场价值，进而制订相应的发展计划；二是品牌主体出于交易的目的对品牌价值进行评估，这种评估必须经由第三方机构，而不是仅仅由交易双方中的某一方进行评估。对于农产品来说，其社会价值往往备受关注，因而无论是基于哪种目的的评估，都必须考虑该产品对社会的贡献及消费者对该产品品牌的认同。除此之外，进行农产品品牌价值评估要遵循公平原则，依据国家相关的法律、法规、规章及制度要求进行品牌价值评估。因此，农产品品牌价值评估不仅是企业内部的管理活动，而且在一定意义上是一种社会化的经济活动。

（三）农产品品牌价值评估反映了农产品品牌的综合价值

随着科学技术的快速发展，作为农业大国，我国农产品的生产与加工技术日趋成熟，农产品质量越来越高。消费者需求的不断增长对农产品的发展提出了更新、更高的要求。农产品市场是一个具有巨大发展潜力的市场，农产品品牌价值评估应该体现发展潜力价值。因此，农产品品牌价值评估不仅需要评估品牌的当前市场价值，而且需要反映基于过去、现在和未来状况的品牌综合价值。随着人们环保意识的增强，在对农产品品牌进行评估时，人们不仅关注该产品的经济价值及社会价值，而且也关注其生态价值。从这个意义上来讲，农产品品牌价值评估应该是对农产品的经济价值、社会价值及生态价值进行的综合价值评估。

（四）农产品品牌价值评估体现了所有者的综合实力

品牌是所有者经济价值的体现。对于企业而言，品牌是企业的无形资产。品牌价值的不同造成产品差异，因而构成对市场的垄断，形成本品牌的竞争优势。农产品品牌所有者的特殊性决定了对农产品品牌进行评估需要综合考虑各方面的影响因素，包括经济活动、社会环境、生态环境等方面的因素，这些因素从不同角度反映了品牌所有者的综合实力。因此，农产品品牌价值评估过程是对农产品品牌进行验证、审核、评定、估算的过程，其结果不仅反映了品牌本身的价值，而且体现了所有者的综合实力。

二、农产品品牌价值评估的指标体系

建立完善的农产品品牌价值评估机制并非易事，因为农产品品牌价值可以量化的评估指标不多。不过，尽管某些指标与农产品品牌价值之间不一定存在必然的联系，但是为了全面评估农产品品牌价值，必须建立一套可行的品牌价值评估指标体系。一般情况下，农产品品牌本身具备不同于一般产品品牌的特性，因此在构建指标体系的过程中要考虑农产品品牌的特性。另外，由于企业经营范围和性质的不同，农产品品牌价值评估指标体系不可能适用于所有农业企业，即便是在同一个领域，还会存在企业规模不同等问题。因此，在使用这一评估指标体系时，需要根据实际情况对评估标准进行必要的调整，以达到预期效果。

（一）指标体系的构建原则

针对不同种类的农产品，选用的农产品品牌价值评估指标相同。在选择指标时，如果指标选取不全面，可能会遗漏某些重要的指标，有损综合评估的客观性、全面性；如果指标选取过多、范围过大，则会有损综合评估的具体性、针对性。因此，建立农产品品牌价值评估指标体系必须遵循一定的原则。

（1）科学性原则。对农产品品牌价值的评估，首先要本着科学的态度，保证待评估对象与所收集的材料之间存在因果关系，或者存在直接影响。

（2）系统性原则。指标体系应全面反映评估对象的真实水平，要根据评估对象的实际情况，综合使用定量指标与定性指标、绝对指标与相对指标、趋上优指标与趋下优指标、现实指标与潜在指标。

（3）可行性原则。尽管很多指标都不足以反映农产品品牌价值的特点，而有些理想化的指标，理论上能准确反映农产品品牌价值的特点，但这些理想化的指标所依赖的基础信息，在目前条件下无从收集。在这种情况下，需要选取可操作的、接近客观真实的指标。当然，不能排除有些信息在当下的技术条件和社会环境下无法收集，但随着技术和社会的发展，收集这些信息将变得不仅可能而且十分便利，那么接下来要做的仅仅是修正指标体系。

（4）针对性原则。反映农产品品牌价值的指标要少而精，应选择具有代表性的指标，全面反映农产品品牌的价值。

（5）独立性原则。每个指标必须单独地反映评估对象某一方面的水平，同一层次的指标不应有包含关系，以避免指标间信息的重复。

（6）动态性原则。由于农产品所处的市场环境是动态的，消费者需求也是动态的，因此评估指标体系也应具有动态性，评估动态性的要素时应尽量使用相对指标，保持时序上的可比性，从而做到实时评估。

（7）定量与定性相结合的原则。积极采用定量指标，但这并不意味着否定定性指标的作用，此举只是为了尽量避免人为因素的干扰，提高评估指标体系的客观性。

（8）结构层次性原则。按照指标间的隶属关系，应将指标体系分为目标层、准则层和指标层三个层次。应区别于系统性原则的整体性，注重指标体系的层级结构。

（二）评估指标体系的构成

农产品品牌价值来源于农产品质量的差异性和品牌产品的市场认知率、市场占有率。不同质量的农产品具有不同的增值获利能力，这种增值获利能力是通过消费者认知、认可形成的。农产品品牌的增值获利能力是农产品品牌价值的表现形式，按照农产品品牌价值评估的侧重点分为市场价值、消费者价值、生产者价值和生态价值四类。

1. 市场价值

市场价值反映了在使用某品牌的现有业务领域中品牌创造的价值，也就是品牌为企业带来的价值增值、能创造的未来收益，可以将其描述为一个绝对价值，受市场占有率等市场因子的影响。在产品或服务的营销和推广过程中，品牌自身逐渐变成具有一定经济价值的无形资产，能够给企业带来长期收益。

2. 消费者价值

消费者价值表现为品牌对于消费者心理和行为的影响，主要是指建立、保持并发展某一品牌与消费者的长期关系给企业带来的价值。因此，品牌的消费者价值实际上是一种关系价值，是一个相对的概念，是一个以消费者为中心的概念。品牌经营的策略是经营关系的理论基础。借助品牌营销，消费者（包括潜在消费者）的心理和行为发生变化，品牌成为影响消费者决策的重要因素。

3. 生产者价值

生产者价值是指现有品牌对于农产品或农产品加工原料的提供者——农民进行农业活动的心理和行为的影响。这种影响的直接表现是现有品牌的运营能否增加农民的收入，其反映的是品牌与农民之间存在的相关关系。农产品品牌的运营不仅可以为农业企业带来经济利益，而且会增加受其影响的农民的收入。农产品品牌的这个特征应该在品牌资产评估中得以体现。在现有的理论基础上，品牌的生产者价值可以通过计算农户数与收入增长获得一个具体值。

4. 生态价值

生态价值是评估农产品品牌时需要考虑的特殊价值，它是由农产品的特殊性决定的，反映出农产品品牌对生态环境的影响。生态价值体现了品牌产品的生产、消费过程与生态环境的关系。品牌生态价值实质上是一种关系价值，在注重环保的现代社会，这种关系价值对品牌价值的整体影响越来越大，可将其视为经济社会不断发展的产物。农产品品牌的健康成长有利于实现农业资源的合理利用，对生态环境的保持与建设相对有利。农产品的特性决定着在农产品品牌运营过程中需要考虑产品对生态环境的影响，无公害品牌、绿色品牌逐渐受到社会的重视。

在农产品品牌价值评估指标体系中，根据企业不同的产品特点，可以选择不同的指标组合，指标的选择对于获取有效的评估结果尤为重要。

经过品牌价值评估，如果产品体现的是市场价值、消费者价值、生产者价值和生态价值四个表现形式中的一个，那么既可以使用表现形式对应的具体指标，也可以适当地选择其他表现形式内的指标作为补充。如果为使待评估的产品品牌体现的价值更加全面，而且不能完全与表现形式相对应，那么就要根据企业的实际情况在各表现形式中进行选择。例如，在评估农产品品牌的市场价值时，可以选择预期收益、市场占有率、市场扩张速度、利润率、销售利润增长率、资产负债率等指标；在评估农产品品牌的消费者价值时，可以选择预期收益、价差效应、消费者感受度、营养指数、是否为无公害产品、品牌知名度、消费者满意度、消费者忠诚度等指标；在评估农产品品牌的生态价值时，可以选择预期收益、每亩耕地化肥的施用量、废弃物处理程度等指标；在评估农产品品牌的综合价值时，要根据产品品牌自身的特点及其市场经营状况选择合适的指标，然后进行综合评估，确定最终的评估结果。

需要指出的是，指标选择过多会使评估过程繁杂冗余，最终可能会低估农产品品牌的价值；指标选择过少则可能夸大农产品品牌的价值。因此，评估指标的数量应根据情况适当选择。

总之，指标体系只是提供了一套比较系统和全面的指标集合，它不是静态的、一成不变的，而是根据农产品的种类和评估目的实时地进行调整和选择。也正是由于农产品所处的市场环境是动态的，对农产品品牌价值进行评估也应该是动态的，从这一点上来说，评估指标的选择就具有特别重要的意义。

（三）评估指标值的获取

评估指标值既有定性指标又有定量指标，为了保证指标值的连续性、真实可靠性，并且最大限度地接近企业的真实值，应设置专人或者专门机构（如企业的市场部、财务部等）负责，按照规定的时间（如按月或者按季度）搜集并整理各类指标。对于定量指标，其指标值可以通过企业内部的统计、财务、企业管理、售后服务及信息管理等部门获取，也可以设立经常性的调查，通过抽样调查的方式获取，如顾客满意度等指标；个别指标可以通过问卷调查法获取，如品牌知名度和企业知名度等指标。对于指标体系中的定性指标，需要借助第三方评估机构或者专家评级打分，再根据必要的转换才能获取，如社会影响力等指标。最后，为了便于不同评估方法的使用，反映不同指标的优劣程度，需要对各个指标值进行无量纲化处理。

三、农产品品牌价值评估的方法

农产品品牌价值评估的方法按评估要素分为单项评估法和综合评估法两类。单项评估法是指评估项目要从品牌评估体系中选择一项或几项，如只评估某一品牌的市场价值或消费者价值。品牌价值评估的综合评估法是对品牌的综合价值进行评估的方法，评估项目为某一品牌的整体价值，从整体上反映品牌的资产价值和附加价值。

（一）单项评估法

1.品牌市场价值的评估

品牌市场价值指标体系由品牌的预期收益、市场占有率、市场扩张速度、利润率、销售利润增长率、资产负债率组成。其组成要素都是品牌经营带来的收益，是一种能够实现准确计算的绝对价值。因此，品牌市场价值的评估可以通过设置相应的绝对指标来进行。

（1）预期收益。该指标反映品牌的获利能力，是指某品牌在预期获利年限内的收益额。该指标确定的难点在于如何分离出品牌带给企业或农户的收益，一般认为品牌的销售收益分成率大约为 62.5％。计算公式如下：

预期收益 = 预期销售收益 × 销售收益分成率

（2）市场占有率。该指标在一定程度上反映了某品牌的产品在市场中的地位，是该品牌产品的销售收入与行业内同类产品的销售收入总额之比。计算公式如下：

市场占有率 = 某品牌的销售收入 / 行业内同类产品的销售收入总额 ×100％

（3）市场扩张速度。该指标是评估产品品牌的成长状况和发展能力的重要指标，是本期市场占有率与前期市场占有率之比。计算公式如下：

市场扩张速度 = 本期市场占有率 / 前期市场占有率 ×100％

（4）利润率。该指标反映品牌的综合盈利能力。计算公式如下：

利润率 = 品牌利润总额 / 品牌销售总额 ×100％

（5）销售利润增长率。该指标是本期销售利润增长额与前期销售利润的比率。需要指出的是，利润是一项综合指标，既反映了产品的增长，又反映了质量的提高、消耗的降低。计算公式如下：

销售利润增长率 = 本期销售利润增长额 / 前期销售利润 ×100％

（6）资产负债率。该指标是负债总额与资产总额的比率，用于衡量企业负债水平的情况，反映品牌的后期成长状况。计算公式如下：

资产负债率 = 负债总额 / 资产总额 × 100%

需要强调的是，为了使评估结果更为客观，上述指标除预期收益外，其余五项指标均采用近 3 年数据的算术平均值。由专家根据与行业平均水平对比进行打分，最终分数采用各位专家打分的算术平均值。

2. 品牌消费者价值的评估

品牌的消费者价值绝大多数都是用定性指标来衡量的，难以精确量化计算。对消费者价值的量化评估只能通过设置相对指标来进行比较研究。如上所述，消费者价值评估指标包括价差效应、消费者感受度、营养指数、是否为无公害产品、品牌知名度、消费者满意度、消费者忠诚度等指标。

（1）价差效应。该指标反映消费者对品牌产品价格的评价，通过同类产品的对比，消费者会对某品牌产品的价格有一个清楚的认识，从而会对价格的合理程度进行判断。计算公式如下：

价差效应 =（某品牌产品销售价格 – 同类产品平均销售价格）/ 同类产品平均销售价格

式中，同类产品的平均销售价格采用有代表性的 3 个品牌产品的平均售价。价差效应值若在 0 以下，则品牌价差效应为 100 分；价差效应值若在 0 与 1 之间，则品牌价差效应为 50 ~ 100 分；价差效应值若在 1 以上，则品牌价差效应为 1 ~ 50 分。

（2）消费者感受度。该指标反映消费者对某品牌产品属性的真实感受，譬如对食用农产品可口程度的评价，可以采用市场调查的方法，随机抽取 1 000 人，对使用某一品牌的消费者不同感受程度的人员数量进行统计。计算公式如下：

消费者感受度 =∑ 不同感受度等级消费者数量 /1 000 × 感受值

式中，感受值即感受层次分，80 ~ 100 分为强感受，60 ~ 80 分为感受较强，40 ~ 60 分为感受中等，20 ~ 40 分为感受较弱，0 ~ 20 分为感受弱。

（3）营养指数。该指标反映消费者对某品牌产品营养价值的评估，将产品的主要营养成分含量与同类产品营养成分的平均含量进行对比，消费者会对某品牌产品的营养价值有一个清楚的认识。计算公式如下：

营养指数＝某品牌产品营养成分含量/同类产品营养成分平均含量

式中，同类产品的平均含量采用有代表性的三个品牌产品营养成分含量的平均值。营养指数：不足 0.5 为营养指数低；0.5～1 为营养指数中等；1以上为营养指数高。

（4）是否为无公害产品。该指标反映某品牌产品的安全性是否符合国家有关标准，该指标为二元指标，取值为"0"或"1"。"0"赋值 0 分，"1"赋值 100 分。

（5）品牌知名度。该指标表示某品牌在市场上的知晓程度，反映消费者认出或想起某一品牌的能力，既包含了品牌与产品之间的关系，如产品质量、价值、用途、声誉等，又包含了企业营销和传播活动的结果。采用市场调查的方法，随机抽取 1 000 人，对某一品牌能认出或想起的人员数量进行统计。计算公式如下：

品牌知名度＝认出或想起某品牌的人员数量/1 000×100%

（6）消费者满意度。该指标反映了消费者在购买某品牌产品后对产品质量、功能和社会价值的满意程度。也可采用市场调查的方法，随机抽取 1 000 名消费者，从中对消费者认为最满意和最完美的品牌的人员数量进行统计。计算公式如下：

消费者满意度＝认为最满意和最完美的品牌的人员数量/1 000×100%

（7）消费者忠诚度。该指标反映了消费者偏好转向另外一个品牌的可能程度。可以用 1 000 名消费者中重复购买某品牌的消费者的比率来表示。计算公式如下：

消费者忠诚度＝重复购买某品牌的消费者数量/1 000×100%

3.品牌生产者价值的评估

品牌生产者价值指标体系由受品牌影响的农户数、受品牌影响的农户数增长率、每户农户因品牌而产生的平均额外收益、耕地面积增长率组成。品牌生产者价值反映的是品牌给农户带来的稳定收入，可以设置相应的指标计算出可供参考的绝对价值。

（1）受品牌影响的农户数。该指标是与品牌产品有直接关系的农户数量，一般为初级农产品的种植者或加工农产品原料的种植者。

（2）受品牌影响的农户数增长率。该指标是反映品牌对农户影响扩大程度的指标，用本期受品牌影响的农户数和前期受品牌影响的农户数的差与前期受品牌影响的农户数的比率表示。公式如下：

受品牌影响的农户数增长率=（本期受品牌影响的农户数－前期受品牌影响的农户数）/前期受品牌影响的农户数×100%

（3）每户农户因品牌而产生的平均额外收益。该指标是农户在品牌带动下与无品牌带动时获得的收益之差。计算公式如下：

每户农户因品牌而产生的平均额外收益=品牌带动下的收益－无品牌带动时获得的收益

（4）耕地面积增长率。该指标是本年某品牌农产品的耕地面积增长量与上年耕地面积之比，反映农户继续种植该产品的积极性。计算公式如下：

耕地面积增长率=（报告期耕地面积－上一期耕地面积）/上一期耕地面积×100%

4.品牌生态价值的评估

环境污染和资源短缺给农户及企业带来巨大的经济损失，维护环境需要支付大量环保费用，生态价值理论应运而生。该理论要求承认清洁的空气、干净的天然水，肥沃的土地、天然的森林和其他资源具有价值。生态价值是在自然物质生产过程中产生的。它是"自然—社会"系统的共同财富。生态价值是建立环境质量程度和自然资源使用的保护程度。

（1）每亩耕地化肥的施用量，即在农作物种植过程中使用化肥对水资源、土壤、大气造成的影响。

（2）废弃物处理程度，即产品加工过程中"废气、废水、废物"的处理程度。

未作说明的指标由专家根据经验判断指标的相对重要性，并对指标进行打分，最终分数的确定采用各位专家打分的算术平均值。

单项评估法在评估品牌价值体系每一要素时思路各不相同，对数据资料的要求也有所区别，因此对同一品牌的不同价值体系进行评估时，可能会得出让人难以理解的评估结果，这种结果往往无法说明某一农产品品牌的综合价值。

（二）综合评估法

农产品品牌的综合评估法主要涉及四项指标：农产品品牌的市场占有能力、超值创利能力、质量安全能力和未来发展能力。一个农产品品牌的综合价值可以用以下公式表示：

$$P = (M+S+Q) \times D$$

式中，P 表示某一农产品品牌的综合价值，M 表示市场占有能力，S 表示超值创利能力，Q 表示质量安全能力，D 表示未来发展能力。

1. 市场占有能力

农产品品牌的市场占有能力反映了农产品品牌的市场竞争能力，是农产品品牌综合价值的重要指标，主要通过农业企业实现的营业利润指标来表示，公式如下：

营业利润 = 销售收入 × 销售利润率

例如，某品牌农产品通过调查得知其销售收入为 180 万元，其销售利润率为 23％，则该品牌农产品的营业利润为：

180×23％=41.4 万元

2. 超值创利能力

农产品品牌的超值创利能力是决定农产品品牌市场竞争力的另一个关键因素。农产品品牌只有具备了超出同行业平均利润水平的盈利能力，才能显示其竞争实力。否则，即使其市场占有率很高，也只能表现出一般的产业资本的盈利能力，无法显示出产品品牌的超值创利能力。农产品品牌的超值创利能力主要通过利润率差异和行业平均销售收入来计算。

品牌利润率差异公式如下：

品牌利润率差异 = 某农产品品牌利润率 - 行业平均利润率

例如，如果某行业农产品平均利润率为 16％，某农产品品牌销售利润率为 23％，则该产品的品牌利润率差异为：

23 % － 16 % ＝ 7 %

农产品品牌超值创利收益公式如下：

农产品品牌超值创利收益 ＝ 该品牌利润率差异 × 行业平均收入

上述举例中，如果行业平均收入为 28 万元，可得该农产品品牌的超值创利收益为：

28 × 7 % ＝ 1.96 万元

3. 质量安全能力

农产品品牌的质量安全能力表现在产业化状况，产地环境质量状况，肥料、农药、添加剂使用状况和产品加工、包装、运输、贮藏各方面，可以通过农产品品牌的质量安全能力收益来表示，公式如下：

农产品品牌的质量安全能力收益 ＝ 农产品品牌的质量安全能力系数 × 销售利润

式中，品牌农产品的质量安全能力系数由农产品品牌的产业化评价系数（0 ～ 1），品牌农产品的产品产地环境质量评价系数（0.3 ～ 1.0），品牌农产品的产品肥料、农药、添加剂使用评价系数（0.3 ～ 1.0），品牌农产品的加工、包装、运输、贮藏评价系数（0.3 ～ 1.0）四类指标组成，由专家对这四类指标进行分析，在相应范围内给出数值，其四类指标数值之和就是农产品品牌的质量安全能力收益。

上述举例中，如果某农产品品牌的质量安全能力系数为 0.7，销售利润为 41.4 万元，则该农产品品牌的质量安全能力收益为：

41.4 × 7 %＝28.98 万元

4. 未来发展能力

农产品品牌的未来发展能力在农产品品牌价值评估中是一个不可忽视的因素。它是指农产品品牌的发展潜力，其意义在于判断品牌未来能否为企业带来超值利润。农产品品牌的未来发展能力表现为农产品品牌的未来发展能力倍数，用数值来表示。其决定因素有七个方面：农产品品牌的影响市场能力、农产品品牌的生存能力、农产品品牌的市场竞争能力、农产品品牌的市场辐射能力、农产品品牌的行业趋势力、农产品品牌的产品美誉度、农产品品牌

的知名度。这七项指标，每一项的倍数都在 1 ～ 3，通过这七项指标的分析，可以得出农产品品牌的未来发展能力倍数，农产品品牌的未来发展能力倍数为这七项指标之和，所以农产品品牌的未来发展能力倍数一般在 7 ～ 21。

上述举例中，经过分析计算，农产品品牌的未来发展能力倍数为 18。

根据综合评估法，该农产品品牌的综合价值计算式为：

$$P = (M+S+Q) \times D$$
$$= (41.4+1.96+28.98) \times 18$$
$$= 1\ 302.12\ 万元$$

四、农产品品牌价值评估的程序

一套适合评估对象自身的、系统的评估程序，是有步骤、有计划地完成评估过程的保障。农产品品牌价值评估程序有以下五个步骤。

（一）确定评估目标

评估机构应该召集有关部门和人员，汇集企业相关部门的信息和数据，确定农产品品牌价值评估的总体目标。总体目标的确定有利于评估人员最终选择合适的评估指标；确定指标值，可以更加准确地评估农产品品牌的价值，避免因指标选取过多而影响最终评估结果。

（二）组成评估小组

评估小组的组成人员可以是大专院校的专家、学者，以及经济管理方面的专业人士，也可以是农业企业内部有经验的决策者及普通员工等。评估小组的任务主要有两个：一是对指标和评估方法的选择进行指导和监督；二是对指标值的确定和最终评估结果的核实与分析。

（三）搜集整理指标值的相关资料

指标值的搜集整理，一方面，需要相关人员搜集企业各部门的统计资料和专家的意见；另一方面，评估小组要根据现实情况及时对资料的搜集整理工作提出建议，并要求补充资料或修正资料，以便指标值的最终确定。

（四）指标值的最终核实认定

评估小组要协助相关人员根据搜集到的相关资料确定各指标值，包括指标值的核实、认可与确定。

（五）计算评估结果

评估人员需要根据实际情况，以及评估对象自身条件选择合适的评估方法，方法选择过于复杂，对于工作人员及技术都有比较高的要求，不一定适用；方法选择过于简单，则不能达到预期的评估效果。

第五节　农产品品牌保护

一、农产品品牌保护的意义

（1）加强农产品品牌保护是促进传统农业向现代农业转变的重要手段。农产品品牌化是现代农业的重要标志之一。加强农产品品牌保护，有利于促进农业生产标准化、经营产业化、产品市场化和服务社会化，加快农业增长方式由数量型、粗放型向质量型、效益型转变。

（2）加强农产品品牌保护是优化农业结构的有效途径。随着人民生活水平的不断提高，社会对农产品品种、质量、安全、功能等提出了更高的要求。加强农产品品牌保护，能够满足消费者多样化、优质化的消费需求，有利于引导土地、资金、技术、劳动力等生产要素向品牌产品优化配置，从而推动区域农业结构调整和优化升级。

（3）加强农产品品牌保护是提高农产品质量安全水平和竞争力的迫切要求。通过加强农产品品牌保护，重点培育和打造区域农业名牌，有利于促进农产品质量安全整体水平的提高，形成一批具有市场竞争优势的品牌农产品。

（4）加强农产品品牌保护是实现农业增效、农民增收的重要举措。品牌是无形资产，打造农产品品牌的过程就是实现农产品增值的过程，加强农产品品牌保护，有利于拓展农产品市场，促进农产品消费，促进优质优价机制形成，实现农业增效、农民增收。

二、农产品品牌保护存在的问题

（一）品牌意识不强，农产品质量不稳定

一是部分农户的农产品安全生产意识淡薄。由于宣传力度不够、缺乏技术指导、农民自身素质不高等因素，部分农民对农产品生产过程中的病、虫、草情和畜禽疫情了解不够，对于科学、合理地施用化肥、农药等技术的要求知之甚少。发生了病虫害，有的凭经验办事，有的学别人防治，造成错用、乱用、滥用农药及其他投入品的情况屡见不鲜。二是少数经营者片面追求经济利益，以次充好。例如，正宗的浙江仙居三黄鸡在市场上受到消费者的青睐，价格也比同类产品高出不少。三黄鸡的养殖不仅要求野外放养、合理搭配饲料，而且对于养殖时间也有严格限定，一般至少要养殖 120 天才能保证品质。而少数经营者为了追求经济利益，从周边地区买来其他便宜的普通鸡种、使用含有激素的饲料喂养以缩短出栏期，有的甚至直接从外地冷库买来冷冻鸡冒充三黄鸡。

（二）法律意识不强，部分品牌仍未注册或防御注册

以广东省为例，广东省注册涉农产品商标近 4 万件，约占全省商标注册总量的 11 %。从全国范围来看，截至 2006 年底，我国农产品商标注册量约为 37 万件，占全部商标注册总量的 13 %，这说明我国部分农产品品牌仍未注册。另外，在防御注册方面这个差距还要更大一些。

企业也许认为注册商标会增加成本，而且企业现在的发展不是很好，名声也不是很大，也就没有必要进行严格的法律注册和保护。甚至还有的企业认为商标注册的费用非常高，程序非常麻烦。其实，商标注册不过几千元，程序也不是很复杂。只要企业有商标注册的意识，完全可以避免自己的商标

被人抢注等情况。此外，对于某些知名品牌来说，仅仅进行注册已经不够，还要根据品牌的具体情况进行防御注册，以防止他人恶意假冒。当初，杭州娃哈哈在成名之后，就出现了娃笑笑、哈哈娃、娃哭哭等品牌。这些品牌让人啼笑皆非，但容易误导消费者，若不加以打击，肯定会影响品牌声誉。与此类似的是，四川的郎酒在成名之后，也在招来了大量的"狼"，什么翠花郎、梨花郎等不一而足。有人戏言："一只川'郎'中了彩，十只川狼跟上来"。由此可见，为避免品牌在良性发展之后出现此类情况，企业应尽早将可能的类似商标进行防御性注册。在注册方面，我国的企业还应将眼光放得更长远一些，不仅要在国内完成所有可能的注册，还要在世界市场上进行注册。我国的企业，包括一些著名的商标都在国外遭受了被人抢注的厄运。例如，我国的红塔山香烟就在印尼遭到了抢注，使红塔山在整个东南亚地区的销售都受到影响。此外，我国绝大多数原产地名称都没有被注册成集体或证明商标，这给我国农产品品牌的建设留下了无穷隐患。

（三）商标保护不规范

首先，这种不规范表现在品牌名与商标名不一致。部分企业对商标与品牌的关系并不是非常清楚。甚至有的企业认为必须要有一个商标名，然后再起一个品牌名。实际上这是大错特错的。商标名与品牌名本质上是完全统一的。商标名就是经过注册的品牌名，品牌注册就是为了使用商标对品牌进行保护。如果品牌名与商标名不一致的话，如何利用法律保护品牌？因为国家法律保护的是经过注册的商标名。

其次，一些地理标志没有得到相应的保护。长期以来，我国缺乏对原产地名称的保护意识，加之我国法律中一直没有针对原产地名称的明确法律规定。因此，在现实生活中，很多原产地名称被国内外企业随意滥用，从而使不少原产地名称逐渐演化为同类商品的通用名称或代名词。例如，我国景德镇陶瓷在国外经常被劣质陶瓷假冒；云南的大理石也成了一个通用商品名称，被他人随意使用。而国内一些在原产地范围内的企业由于看到原产地标志的巨大市场力量，将自己生产的、完全不符合真正具有原产地品质的商品在原产地标志下进行销售。这些行为使消费者对真正的原产地产品丧失了信心，影响了货真价实的原产地企业的利益。

最后，商标名称在商品包装上不醒目，商标名称与商品特征标识宣传强度差距大。在很多产品的包装上，经过注册的商标名往往以较小的字迹缩印在包装的左上角上，而未经注册的商品特征标识却以较大字体印在包装最显眼的地方。

（四）品牌侵权现象时有发生，政府保护力度不强

由于农产品经营者法律意识淡薄、农产品品牌所有者数量众多，经常发生品牌侵权现象。现在全国各地经常出现假冒伪劣产品，它们以低劣的质量和低廉的价格冲击市场，给真正的品牌产品造成直接经济损失。很多品牌在成名之后都受到了造假者的侵害。全国各地的零售店里总能不断发现假冒伪劣产品。农产品质量认证比较困难，加之假冒品牌产品以"游击战"的方式此起彼伏，国家工商部门，甚至某些当地政府，对造假行为没有行之有效的管理办法，导致了假冒伪劣品牌的猖獗。

三、农产品品牌的保护策略

（一）加强农产品质量安全建设

"民以食为天，食以安为先。"质量是品牌的生命。如果一个农产品的质量有问题，那么它就得不到消费者的认可，就失去了在市场上赖以生存的基础，就不可能成为得到消费者信任的名牌产品。如果不重视产品质量，即使是名牌农产品也会被消费者淘汰。农产品大多是食品，其质量安全直接关系到消费者的身体健康乃至生命安全，可以毫不夸张地说，农产品质量安全是农产品品牌管理的基础。因此，对于农产品质量问题决不能掉以轻心。

切实加强农产品质量安全建设，应从以下三个方面着手。

首先，提高农民生产质量安全意识。把农产品质量安全建设作为农民培训教育工程的重点内容，通过培训让农民懂得农产品质量安全的重要性，了

解农产品质量安全操作方法和规程。

其次，加快各级农产品质量检测中心建设。精心组织、全面开展更为合理的农产品质量检测，加强"三品一标"（无公害农产品、绿色食品、有机农产品及农产品地理标志）质量认证工作，全面提高农产品质量水平和市场竞争力。

最后，切实提高农资市场和农产品市场的监管力度。工商、物价、卫生、质监等有关部门要切实履行职能，一方面，指导企业诚守经营，加强质量管理，防患于未然；另一方面，做好对农产品质量和价格的检验监测工作，发现问题并及时予以解决，从根本上遏制制售假冒伪劣产品的违法犯罪活动。

（二）强化农产品品牌保护意识

企业管理人员应具备正确的品牌意识。部分企业之所以对品牌保护重视程度不高，其原因有两个方面：一是企业管理人员没有认识到品牌这一无形资产的价值所在，没有看到品牌给企业和消费者带来的利益；二是企业管理人员还没有掌握市场经济操作规则和运行机制。首先，从市场角度来说，即使一个企业的产品质量非常优异，但如果消费者没有意识到该企业产品优异的质量，那么其市场效益不会很高。信息的不对称使消费者不会购买他们不了解的产品，而是会购买他们认知并信赖的产品。因此，一个企业要想做大做强，必须拥有自己的品牌。其次，要从思想观念上清楚地认识到市场经济是法治经济，一切经济活动都要按经济法律规则操作，没有品牌，产品就没有"名分"；没有商标，产品就没有"身份证"。

（三）依靠法律手段加强农产品品牌保护

农业企业创建和维护一个品牌需要付出代价成本，如果不注重维护品牌形象，往往容易使品牌受到不法分子的侵害。"市场未动，商标先行"是企业的经营之道。要想保护品牌、维护自身权益，企业必须进行商标注册。无论是企业品牌，还是产品品牌，只有进行商标注册才能取得法律上的保护。

根据相关商标法的规定，品牌一经注册，即获得商标权，对他人使用相同或相近的商标，注册人或企业可依法追究其法律责任。

在品牌商标权的注册中要注意以下三点。一是商标占位注册。实行"一标多品"注册，以取得所有商品的专有使用权，有利于防止竞争对手使用与自己相同的商标生产其他类别的产品。二是商标防御注册。防御性商标就是构筑在企业重点商标周围的一道"防火墙"。例如，知名品牌娃哈哈，不仅在国家商标局注册了娃哈哈品牌，还同时注册了一系列诸如哈娃娃等相似或可能被竞争对手窥伺的其他商标，哈娃娃就是娃哈哈的防御性商标。三是商标的国际注册。实施商标的国际注册有利于品牌进一步发展，进而走向国际市场。例如，五粮液在世界上的多个国家进行了注册，以保证该品牌在当地受到法律保护。

（四）成立企业的自律组织，互相监督侵害品牌权益行为

在实施品牌保护的过程中，之所以出现假冒农产品品牌的现象，是因为农产品生产者的规模太小、数量太多。假如，一个食用鳖养殖户建立了一个品牌——寿源。由于其质量过硬，在市场中获得了较高的利润。在利润的驱使下，其他养殖户也开始在市场上叫卖寿源鳖，这种情况如何去管理？作为品牌的创立者，养殖户个人是无法当面找到那些假冒其品牌的人，即使找到了他也不能将对方怎么样。而且假冒者由于有利可图，还会以"游击战"的方式继续进行假冒行为。而作为市场管理者的政府工商部门，也没有合适的办法去辨别真正的品牌农产品。目前解决这一问题的最佳办法就是让农民自发成立一个自律组织，互相监督，形成一种道德风尚，即"注册品牌光荣，假冒品牌可耻"，并让他们进行自我管理。

（五）拓展市场自我保护

企业可以通过不断开拓市场，在假冒伪劣者没有占领市场之前，就一鼓作气地将产品销售到顾客所能接触的任何地方。这种积极的经营方式不给造假分子任何造假机会，既抢占了市场，又打击了造假分子。

第五章 寒地黑土区农产品品牌管理实证研究

第一节　寒地黑土区特色农产品概述

一、寒地黑土区自然地理状况

（一）寒地黑土的概念

黑土是在寒冷的气候条件下，地表植被经过长时间腐蚀形成腐殖质后演化而成的土壤。由于温带季风气候的影响，我国东北地区夏季高温多雨，草本植物生长茂盛，地上和地下积累了大量的有机物质；冬季寒冷漫长，土壤冻结，微生物活动微弱，有机质分解缓慢，逐步形成了腐殖质层。这种土壤以其有机质含量高、土壤肥沃、土质疏松、适合农耕而闻名于世。寒地与黑土并存，黑因寒生，寒而生黑，寒地是黑土形成的先决条件，黑土是寒地资源累积的必然结果。寒地黑土因其十分稀缺而宝贵。

寒地黑土的母质多为黄土状黏质沉积物，通体无石灰反应。黑土土层深厚，黑灰色腐殖质层厚 30～100 cm，表土有机质含量一般为 3%～6%，高者达 10% 以上，屑粒至团粒状结构。剖面中无钙积层，但可见铁锰结核与灰白色硅粉。土壤交换总量和盐基饱和度均比较高，是一种高肥力的土壤，现大多已被开垦为农业用地。

黑土土类可以被分为四个亚类，东北地区有三个亚类。黑土亚类具有土类的典型特征；草甸黑土亚类为向草甸土过渡的土壤类型，心土层以下有明显的锈色斑纹；白浆化黑土亚类为向白浆土过渡的土壤类型，剖面中上部出现白浆化土层，深度为 80～150 cm；纬度更高的地区会出现永冻土底冰，无霜期更短。

寒地黑土的地下水埋藏深度多在 10～20 m，并不影响土壤的形成过程。但黑土因为母质和土壤质地黏重，底层透水不良，在土壤融冻时期和降水集中的季节，土壤中水分过多，往往在 50 ~ 70 cm 或 150 ~ 200 cm 的深处形成临时性的支持重力水层，一方面，能不断向土层上部补给水分，保证草甸植被的繁茂生长，为土壤积累有机质创造了条件；另一方面，这层支持重力水层在土层下部形成嫌气条件，使土质还原淋溶和淀积。

（二）分布概况

1. 寒地黑土的分布情况

黑土在世界上仅有三大块，分布范围包括中国东北地区、乌克兰大平原和美国密西西比河流域，它们在开发过程中都曾经受到过水土流失的严峻考验。乌克兰大平原的面积约为 190 万 km²，美国密西西比河流域的面积约为 120 万 km²，均分布在四季分明的寒温带。在这些地区，由于植被茂盛，冬季寒冷，大量枯枝落叶难以腐化、分解，历经千百年形成了厚厚的腐殖质，也就是肥沃的黑土层。黑土有机质含量大约是黄土的十倍，是肥力最高、最适宜农耕的土地，因此世界三大黑土区先后被开发为重要的粮食基地。

寒地黑土是寒温带湿润、半湿润地区的黑色土壤，在我国多见于黑龙江和吉林两省，主要分布于小兴安岭两侧、大兴安岭中北部的东坡及长白山地西缘的山前坡状起伏的台地（漫岗），在三江平原和兴凯湖平原的高阶地也有分布。寒地黑土的自然肥力很高，是我国最肥沃的土壤类型之一，黑土分布区是东北地区最重要的粮食基地。分布于我国东北地区松辽流域的黑土区，面积为 70 多万 km²，被称为"中国东北黑土区"，约占松辽流域土地面积的 60 %，现已开发的耕地为 2 亿多亩（13.4 万 km²），是我国重要的商品粮生产基地之一。分布地区夏季温暖湿润，冬季寒冷干燥；年平均气温为 0.5 ~ 6 ℃，≥ 10 ℃的积温为 2 100 ~ 2 700 ℃；无霜期为 90 ~ 140 天，干燥度为 0.75 ~ 0.90；年平均降水量为 450 ~ 650 mm，季节分布不均，其中 7 ~ 9 月的降水量占全年降水量的一半以上。季节性冻土层普遍。土壤冻结深度达 1.5 ~ 2 m，延续时间长达 120 ~ 200 天。自然植被为林间杂类草甸，当地人称其为"五花草塘"。成土母质多为黄土状冲积物或洪积物。

黑土资源垦殖指数高，耕地比重大，自然肥力高，在吉林和黑龙江两省的农业生产中占有极其重要的地位。东北黑土区的开垦历史已有100～300年之久。黑土开垦后，黑土的肥力性状发生了变化，部分土壤向着不断培肥熟化的方向发展，土壤的自然肥力呈现不断下降的趋势。黑土退化主要表现在土壤侵蚀严重、有机质含量下降、作物养分减少并失去平衡、土壤理化性状恶化、动植物区系减少等。为了保证耕种在黑土上的各种作物获得高额而稳定的产量，必须采取保土培肥和合理排灌等措施。

2. 我国寒地黑土的地域分布

我国寒地黑土北起黑龙江右岸，南至辽宁昌图，西界直接与松辽平原的草原和盐基化草甸草原接壤，东界可延伸至小兴安岭和长白山山区的部分山间谷地及三江平原的边缘。大兴安岭东麓山前台地及甘肃的西秦岭、祁连山海拔2 300～3 150 m的垂直地带上也有零星分布。我国寒地黑土总面积11 019.8万亩（约为73 465.3 km²），主要分布在黑龙江和吉林两省，两省的黑土面积约占全国的80 %，内蒙古、甘肃、辽宁等省（自治区）也有黑土分布。黑龙江省的黑土主要分布于齐齐哈尔、绥化、黑河、佳木斯及哈尔滨等地；吉林省的黑土主要分布于长春、四平、吉林、辽源等市及延边朝鲜族自治州；内蒙古自治区的黑土分布于呼伦贝尔和兴安盟境内；甘肃省的黑土主要分布于定西、临夏、陇南和张掖等地（州）；辽宁省的黑土只分布于昌图县境内。寒地黑土的垦殖率较高，是东北地区的主要粮食产区。

3. 寒地黑土的形态特征

第一，有深厚的黑色腐殖质层，自上而下逐渐过渡到淀积层和母质层。腐殖质层的厚度一般在70 cm左右，个别台地（漫岗）的下部可达1 m以上，坡度较大的部位却不足30 cm。

第二，土壤结构性好，腐殖质层中大部分为粒状及团块状结构，水稳性团聚体可达70 %～80 %，土体疏松多孔。

第三，剖面中无钙积层，无石灰性，但在淀积层有锈纹、锈斑和铁锰结核，这是黑土不同于黑钙土的重要特征。黑土的质地比较黏重，大部分为重壤土及轻黏土，但土层下部以轻黏土为主；一般呈微酸性至中性反应，土壤中氮、磷、钾的含量比较高；表层有机质含量多为3 %～6 %，最高可达15 %，而且分布比较深。

（三）寒地黑土特征

1. 黑土面积减少

据 1958 年开始的第一次全国土壤普查资料统计，吉林和黑龙江两省的黑土总面积约为 1 000 万公顷（约 10 万 km²），当时黑龙江的耕地一半以上为黑土；吉林省的黑土面积相对较少，黑土耕地面积占全省耕地的 10% 以上。据 1990 年第二次全国土壤普查资料统计，吉林和黑龙江两省的黑土总面积为 592 万公顷（5.92 万 km²），比建国初期减少了约 400 万公顷（约 4 万 km²）。

2. 黑土层变薄

自然黑土腐殖质层的厚度一般在 30 ～ 70 cm，最深处可达 100 cm 以上，腐殖质层小于 30 cm 的黑土比较少见。但由于多年的耕种和土壤侵蚀，黑土层正在逐渐变薄。黑土的侵蚀主要是水蚀和风蚀。由于黑土的腐殖质含量高，土质疏松，加之毁林开荒、毁草开荒等不合理的开发利用，一些耕地的水土流失严重，造成大面积的秃山荒岭。因水土流失，黑土层每年减少 0.4 ～ 0.5 cm，而每生成 1 cm 的黑土需要 200 ～ 400 年的时间。一些地方的黑土层已由开垦初期的 60 ～ 70 cm 减少到目前的 20 ～ 30 cm。土壤侵蚀使黑土逐渐向黄土演化。

3. 土壤养分减少、肥力下降

在"少投入、多产出"思想的支配下，由于采用广种薄收的掠夺式经营，东北黑土区土壤养分失衡，黑土中有机质的含量减少，土壤肥力逐渐下降。1958 年，黑土中的有机质含量为 4% ～ 6%，最高可达 8% 以上；1990 年，黑土中有机质的含量下降到 3% ～ 5%，水土流失严重的地方已经下降到 2% 以下。近 20 年的定位观测资料显示，黑土耕种层中有机质含量的下降速度约为每年 0.01%。随着黑土中有机质含量的减少，土壤的养分贮量和保肥性能也相应下降，造成作物单产低、总产量不稳定，农作物的品质也因土壤肥力的减弱而下降。

4. 黑土理化性状日趋恶化

随着开垦年限的增加及土壤有机质含量的减少，黑土的物理性状也发生了明显的变化，土壤容重增加，保水、保肥、通气性能下降，土壤日趋板结，可耕性越来越差，抗御旱涝能力下降。

（四）寒地黑土退化的人为因素

1. 黑土的过度垦殖

由于黑土区人口的不断增加，现有的农产品生产已满足不了人们的需求，因此人们开始转向坡地的开发，毁林毁草种地，造成水土流失加剧，黑土层变薄，跑水、跑土、跑肥现象严重，沟壑增多，肥力减弱，粮食产量下降。

2. 掠夺式经营

东北黑土区是我国重要的商品粮生产基地，而重用轻养的土壤开发策略造成一部分黑土长期处于超负荷利用的状态。农作物每年从黑土中带走大量的养分，造成土壤养分失衡，土壤理化性状恶化，土壤肥力减弱，抵御自然灾害的能力下降。

3. 土壤使用功能转移

吉林和黑龙江的黑土分布区是两省经济最为发达的地区，随着城市化进程的加快，有相当数量的黑土耕地转为他用，部分黑土发生永久性退化。

4. 工农业生产对土壤的污染

为追求高产，农户通过过量施加化肥等方式维系农业生产，大量农药、化肥残留在土壤中，造成土壤理化性质变坏，造成地膜污染，影响农作物的正常生长。

二、寒地黑土区特色农业发展情况

（一）特色农业

特色农业是指符合当地的自然条件，且与其他区域有明显不同的农业生产项目。因为一部分人对特色农业的概念和内涵缺乏准确的把握，所以他们常常在认识和实践上产生误解，甚至造成严重的经济损失。例如，某些人误以为稀奇的农业项目就是特色农业，既然政府号召发展特色农业，便尽其所能搜寻本地没有的稀奇项目并加以引进，于是便开发了七彩山鸡、蝎子、食用蚂蚁、鸵鸟等项目。结果，有的项目不适合当地的自然条件；有的项目虽然自然条件适合，但没有市场；有的项目虽然有市场，但缺乏熟练的生产技术。因此，这些项目纷纷失败了。为了更加准确地把握特色农业的内涵，下文将重点介绍特色农业的特点。

1.特色农业要适应当地的自然条件

特色农业的生产项目首先要适应当地的自然条件。如果不适应当地的自然条件，就不能称其为特色农业。在实践中，某些人为了引进稀奇的生产项目，虽然这些项目不适应当地的自然条件，但为了使引进的动植物生存下去，便附加了昂贵的设施。虽然这些动植物生存下来了，但从经济学的角度来看，这个项目是失败的。在发展特色农业的过程中，应尽量避免此类现象的发生。

2.特色农业具有明显的区位比较优势

特色农业的区位比较优势表现在以下两个方面。一是生产比较优势，即该地区生产的该种农产品无论在产量还是在品质上与其他地区相比，都具有明显的优势，尤其是在品质上具有优势，如新疆的哈密瓜，其他地方就种不出来；即使有的地方能种出来，品质也无法与之相比。二是经济比较优势，即该地区生产的此种农产品的经济效益比其他地区好。如果仅有生产优势，没有经济优势，甚至出现经济亏损，那么本地区就要考虑其他具有经济优势的生产项目。经济效益是市场经济条件下一切生产都应遵循的普遍法则。

3.具有明显的区域差异

特色农业中的"特色"二字就是指与众不同，因此特色农业必须具有明显的区域差异，如果某一生产项目到处都有，就不能称其为特色农业。特色农业就是指"人无我有"的生产项目。

（二）寒地黑土区的特色农产品

寒地的区间性、黑土的难以再生性，以及物产的丰富性、品质的优良性、口感的上乘性使得寒地黑土经济有别于其他绿色经济。寒地黑土经济是具有区域比较优势的特色经济，寒地黑土特色物产有别于普通的绿色产品。在当前的市场上，绿色是消费潮流，寒地黑土则是绿色食品的重要生产基地、绿色精品的工厂、绿色形象的代表。寒地黑土特色农产品具有无与伦比的优势，除了具备一般绿色食品的特点之外，还具有地域性特点。具体表现在以下四个方面。

1. 特殊种类 + 特别产地

寒地黑土区的物产极其丰富，世界上普遍将黑土区作为优质粮食主产区。我国寒地黑土区种植的谷类作物主要包括大豆、玉米、水稻、高粱、芸豆、小麦等；经济作物主要包括甜菜、亚麻、烤烟、果菜、万寿菊、中草药等。改革开放之后，我国寒地黑土区每年粮食的总产量超过 50 亿 kg，玉米、大豆、水稻单产普遍高于全国平均水平。由于特色农产品历史久远、生态条件特殊，已形成某种技术优势和突出特色，开发寒地黑土特色物产可取得事半功倍之效，如黑龙江省肇源县的古龙贡米、牡丹江市的响水大米等，质量优良、口感好，深受消费者的喜爱。

2. 优质食用质量 + 优质加工质量

寒地黑土区的物产不仅品种繁多，而且品质优良、有机安全。各物产中的玉米淀粉含量、大豆蛋白含量、亚麻纤维含量、甜菜糖原含量、万寿菊色素含量均高于全国平均水平。口感好，品质必好；原料好，产品必好。在生长期雨热同步、昼热夜凉等气候条件的影响下，黑土地产出的产品，干物质和微量元素普遍积累较多，加上其可以从土壤中汲取充足的养分，这些产品均以上乘的口感而深受消费者喜爱。众所周知，因口味纯正、色香俱全、营养丰富而"走红大江南北、享誉百姓人家、登入大雅之堂"的东北大米，实际上就是寒地黑土大米。玉米、高粱等谷物，猪、牛、羊、鹿、兔、鹅等肉类和猴头菇、木耳等菌类产品，也一样凭借优良的品质被市场认可和被世人接纳。部分玉米品种的品质情况如表 5-1 所示。

由于我国寒地黑土区多位于边疆省份，其生产力水平不高，农产品生产和加工技术与发达地区相比较为落后，大多数企业采用小型机械设备进行生产加工，如黑龙江省的豆油加工企业至今仍全部使用小磨冷榨的加工方式，虽然黄豆出油率较低，浪费较严重，但由于没有经过高温压榨，豆油的营养成分损失较少，豆油的营养价值较高。

表 5-1　部分玉米品种的品质情况

指标	品种数	平均 /%	最高 /%	最低 /%	国家优质专用玉米标准 /%	大于标准的比例 /%
淀粉	34	68.69	74.58（四单 19）	45.1	72	55.9
粗蛋白	38	9.48	12.64（龙单 16）	5.98	10	42.1
粗脂肪	31	4.8	8.71（海单 2）	3.33	7	35.5
赖氨酸	25	0.32	0.37（东农 248）	0.22	0.4	76

3. 低成本 + 高效益

我国寒地黑土区多为平原，自然生态环境优良，土壤肥沃，有机质含量高，很多农作物在生长过程中不用施肥或只需施加很少的化肥。黑龙江省在水稻生产中采用井水灌稻，因就地打井取水，加之土地肥沃，水稻产量高、生产成本低。由于气候原因，黑龙江省非常适合种植大豆、马铃薯，这些作物在黑土区具有病害少、产量高、质量好、生产成本低等优势。因此，将绿色与降低成本结合起来，也是一条行之有效的发展途径。

4. 著名品牌 + 超值价格

我国寒地黑土区的农产品有很多著名品牌。例如，大兴安岭北奇神是国内著名品牌，在产品北奇神茶上市之初便大力宣传其"来自原始大森林、绿色无污染"，产生了极好的品牌效应，产品供不应求，企业的经济效益很好。再如，黑龙江的哈慈集团在国内具有较高的知名度，该企业开发的绿色食品猪肉一经上市就受到消费者的热烈欢迎，是黑龙江省第一个猪肉品牌。

第二节　寒地黑土区农产品品牌管理现状

近年来，东北寒地黑土区的各级党委、政府都把农产品品牌化建设作为扶优扶强优势产业、加速推进农业和农村经济结构战略性调整的重要措施，并提出了相应的品牌战略；在不断提高农产品的质量、科技含量和安全标准的同时，注重各类优质农产品的市场包装，积极树立各自产品的品牌形象，各项工作取得了显著的成效。短短几年时间，一大批绿、特、名、优品牌在寒地黑土区涌现，在拉动寒地黑土区的农业产业发展、推进农业农村经济结构的战略性调整、促进农业的市场化国际化的过程中发挥了重要作用。

一、黑龙江农产品品牌管理现状

（一）省政府制定了一系列品牌经营规划和政策措施

2001年，黑龙江省政府专题研究部署了农产品品牌经营工作，下发了《黑龙江省人民政府办公厅转发省农委〈关于实施品牌战略促进龙头企业加快发展意见的通知〉》（黑政办发〔2001〕第67号）。2006年，黑龙江省的《政府工作报告》中明确提出"积极打造寒地黑土品牌，巩固和提升绿色食品大省地位"的战略要求。2007年1月，在黑龙江省经济工作会议上，省政府再次提出"继续打造好寒地黑土品牌"的要求。

（二）建成一批较大规模的龙头企业，农业产业化框架初步形成

黑龙江省各地在实施农业产业化过程中，十分注重龙头企业的发展和建设，把工作着力点始终放在选龙头、培育龙头和壮大龙头企业等关键环节上。目前，全省已培育、建设了一批规模较大、起点较高、辐射面较广、牵动力较强的龙头企业。已有农副产品加工龙头企业650家，这些龙头企业能够适应市场需求，带动力较强，促进了黑龙江省农业产业化的发展，使黑龙江省的农业产业化框架初步形成。

（三）初步形成了具有龙头企业特色的农畜产品生产基地

黑龙江省建设和发展了一批规模较大、科技含量较高、具有地方特色的农畜产品生产基地。2003年，黑龙江省已形成20大类3 950个农畜产品生产基地。另外，名、优、特、尖等各具特色的基地也实现了较快发展，这些基地的形成，为全省农业产业化发展奠定了基础。

（四）农副产品市场体系已形成基础框架，流通网络日趋完善

市场是农业产业管理的舞台，是产品优势、资源优势转化成商品优势、经济优势的重要保证。全省各地按照"建一个市场，培育一个支柱产业，带动一方经济发展"的原则，培育和组建了一批高档次、多功能与国内外市场紧密对接的大型农畜产品市场。

（五）一大批农产品品牌陆续走出省门、国门，成为知名品牌

为拉动农业产业发展、开拓黑龙江省农产品的国内外市场，加速农业产业化、市场化、国际化，农产品品牌建设在推进农业增效、农民增收、农村经济实力增强等方面发挥了重要作用。黑龙江省青冈县赛美葵花制品有限公司生产的葵花籽打入欧美市场，备受青睐，赛美牌产品在日本、韩国市场被确定为质量免检产品。

（六）全省农产品品牌管理取得了一定成绩，但还存在一些问题

农产品品牌假冒现象屡见不鲜。五常大米是黑龙江省的一个知名品牌，但在北京、上海等地的粮食市场上，假冒的五常大米随处可见，而且售价极低，逼得"正牌军"只好退出市场。这类造假现象，侵害了消费者的合法权益，破坏了农产品品牌的声誉，搅乱了正常的市场秩序，造成了食品行业的信誉危机。但是在打击假冒品牌时，有关部门却发现有众多的困难。首先是检查难。按《中华人民共和国产品质量法》的规定，质量技术监督部门的管理范围是"经过加工制作用于销售的产品"，而"未经加工制作的种业、畜牧业、渔业的初级产品以及狩猎品、原始矿产品"不在其管辖范围内。对在市场上摆摊叫卖

的初级农产品，即使是假冒品牌农产品，也不属于质量技术监督部门的管理范畴。其次是取证难。如果没有包装和标识，有关部门很难抓住销售者违规、违法的证据，因此无法进行定性处理。尤其是小摊贩造假，让人防不胜防。

（七）农业是兼有自然风险和社会风险的弱质产业

农产品的生产深受自然风险的制约，这是农业区别于工业的一个重要特征。农业生产是自然生产和经济再生产交织在一起的社会再生产过程，农产品生产经营活动中有多种不可控因素，使得农产品的经营活动面临着极高的自然风险。自然风险是指农产品的生产对自然条件的依赖性较强，一旦自然条件发生变化，农产品的产量和质量也会随之变化。农产品的减产、绝产，以及质量的波动会动摇农产品品牌建设的基础。黑龙江省的农业基础设施薄弱，抵御自然灾害的能力较弱，农业生产的自然风险也较大。

二、吉林省农产品品牌管理的现状

近年来，吉林省深入贯彻落实省委、省政府提出的品牌战略，在不断提高农产品的质量、科技含量和安全标准的同时，注重抓好各类优质农产品的市场包装，积极树立各自产品的品牌形象，各项工作取得了显著的成效。短短几年时间，一大批绿、特、名、优农产品在吉林大地上不断涌现，在拉动吉林省的农业产业发展、推进农业农村经济结构战略性调整、促进吉林农业市场化国际化、树立农业资源大省和优质安全农产品生产大省的形象等方面，发挥了重要作用。

（一）省级党委、政府制定了相关政策、措施

吉林省各地、各部门都把农产品品牌化建设作为扶优扶强优势产业、加速推进农业和农村经济结构战略性调整的重要措施，并相继采取了一系列行之有效的政策措施，有力地促进了吉林省农产品品牌化的建设和发展。根据农业部绿色食品管理办公室和中国绿色食品发展中心《关于创建全国绿色食品标准化生产基地的意见》（农绿〔2005〕2号），结合全省自然生态资源优势、

农产品分布状况和绿色食品基地建设情况，吉林省出台了《创建全国绿色食品原料标准化生产基地实施办法》（以下简称"《实施办法》"）。《实施办法》提出了创建全国绿色食品标准化生产基地的指导思想，即以"政府推进、产业管理"为原则，以推进农产品优势区域布局为重点，坚持"统筹安排、协调发展、分步实施、逐步推进"的方式，为绿色食品加工（养殖）企业提供优质原料，促进农民增收、农业增效和县域经济发展。《实施办法》还对基地的组织管理、创建申请、考核验收及监督管理等明确了具体要求。

（二）农产品品牌化呈现全方位推进、宽领域开发、多样化发展的局面

随着改革开放的不断深化，吉林省为适应经济发展的需要，也纷纷推出了自己的品牌产品和系列产品，推动了品牌市场化、国际化进程的发展，使得各级各类农业产业化企业品牌不断涌现。据统计，目前吉林省已有各级各类绿、特、优、新、名牌农产品多达上千个。

吉林省各类农产品品牌繁杂，各个产业、行业门类都有自己的品牌，同时同类农产品也有各自不同的产品品牌。既有原生农产品品牌，又有加工制成品品牌；既有粮食产品品牌，又有禽类产品品牌；既有经济类产品品牌，又有园艺特产产品品牌；既有食品类产品品牌，又有生产资料产品品牌。

（三）名牌企业实力不断发展壮大

吉林省在注重本地的资源优势的前提下，积极培育主导产业和主导产品，发展有机农产品生产，狠抓各类农产品生产基地建设，日益扩大生产规模。初步形成基地建设、系列开发、配套发展的农业产业化格局。大力发展订单企业，举办国际国内农产品交易会、博览会和各类农产品经贸洽谈活动，已有如德大、皓月等一大批农产品品牌陆续走出省门、国门，成为国内外市场都叫得响的知名品牌，在拉动农业产业发展，开拓吉林省农产品国际国内市场，加速吉林省农业产业化、市场化、国际化，推进农业增效、农民增收、农村经济实力增强等方面发挥了重要作用。据初步统计，2013 年，吉林省比较成形的农业产业化龙头企业及各类经济组织有 203 家，其中龙头企业带动型 182 家，中介组织带动型 7 家，专业批发市场带动型 14 家。这些企业可实现销售收入 200 亿元以上。其中，年产值超过 5 亿元的大型龙头企业集团 7 家，占 4%，1 亿～5 亿元的企业 30 家，占 16%，亿元以下的 145 家，占 80%，参加农业产业化链条的农户达 150 万家。

（四）品牌内容丰富、数量增加

吉林省近几年实行品牌化战略的企业很多，涉及农产品品牌的数量也在逐步增加，如吉林省的大米、人参和葡萄酒，国内品牌数量较多，但同时也呈现出杂乱无章的局面。

吉林省在农产品品牌建设方面取得可喜成绩的同时，农产品品牌管理还存在着一些问题，如农产品加工企业品牌意识较差、名牌产品少、冲击国际市场的能力不强等。很多出口企业和生产加工企业，对打造商标和名牌不够积极主动，除了德大鸡肉、皓月牛肉等少数品种有自己的品牌外，大多数农产品都需要经过出口商重新包装，才能进入国际市场。吉林省农产品仍存在加工不"深"、质量不优、市场知名度不高等问题。

三、辽宁省农产品品牌管理的现状

近年来，辽宁省政府高度重视打造名牌农产品的工作，坚持政府推动、市场引导、企业带动、农民实施的原则，大力推进农业标准化和品牌化，有重点地培养了一批名牌产品，提升质量档次，拓展农产品市场，促进现代农业又好又快发展。

（一）辽宁省政府高度重视打造名牌农产品工作

从 2001 年开始，省委、省政府将争创驰名商标作为实现全省经济发展目标的重要工作全力推进，先后出台了一系列文件，完善政策和措施，加大对驰名商标企业的扶持力度，建立实施品牌战略的工作目标考核制度，为实施品牌战略的发展提供良好的市场氛围和规范的市场环境。

（二）农产品商标注册情况

2012 年，辽宁商标注册总数达到 93 111 件，"驰名商标" 28 件、地理标志注册 6 件、"中国名牌产品" 34 个、国家出口名牌产品 13 个，还有619 件省著名商标、528 个省名牌产品、27 个省出口名牌产品，"中华老字号" 企业 9 户。"驰名商标" 和 "中国名牌产品" 数量分别位居全国第 9 位和第 10 位，冰山、海诺、忠旺、哥俩好、东北、瑞泽、千里明等一批驰名商标涵盖了辽宁省钢铁、机械制造、建材、矿山、化工、医药等主导产业，盼盼、北绿、獐子岛、咯咯哒、禾丰、红梅、华丰、宏发等一批驰名商标涉及农副产品、农业生产资料、食品、家具、服装等行业。

（三）原产地地域商标注册和产品保护情况

由辽宁省技术监督局认定的原产地地域保护产品 2 件（盘锦大米、道光52 白酒）；在工商局注册的地理标志 2 件（盘锦大米、东港草莓），占全国注册地理标志的 2 %。

（四）绿色食品的开发情况

注册产品商标是申报绿色食品主要条件之一，每年约有 10 % 的农产品（大多为初级和初加工农产品）是通过开发绿色食品才注册商标的。还有一批绿色食品被省评为 "辽宁名牌产品"，在农产品中占 42 %，如鸭绿江牌大米、千山王牌南果梨、东祥牌大豆油、咯咯哒牌鸡蛋、础明牌猪肉等。辽宁省积极鼓励农产品商标所有人争创著名商标，提高商标的知名度，扩大市场的占有率。富稼源、北绿等农副产品注册商标被认定为 "辽宁省著名商标" 后，产品市场效益显著；富稼源牌花生在没有注册商标前，种植面积仅有几千亩，随着商标知名度的提高，花生种植面积逐年扩大，辐射到周边多个乡镇，种植面积扩大到 30 多万亩（约 200 km²），变成了名牌产品，产品远销加拿大，为农民带来了可观的经济效益。

（五）培育了一大批农业龙头企业，销售收入不断增加

截至 2013 年，辽宁省省级以上农业龙头企业已发展到 105 个，国家级龙头企业 16 个，居全国第 4 位，销售收入 1 亿元以上的农业龙头企业达到 111 个，比 2009 年增加 28 个；年销售收入达 10 亿元以上的有 10 个，50 亿元以上的有 2 个。全省规模以上的龙头企业达 1 380 个，销售收入 792 亿元，规模以上加工型龙头企业达 1 048 个，销售收入 456 亿元。

（六）初步形成了农产品生产基地的区域化布局

五大优势农产品分区布局初步形成，即辽东山区特产和生态农业区；辽西畜牧、干鲜果、杂粮旱作农业区；辽北粮油、畜牧业综合农业区；中部精品农业和设施农业区；沿海水产品养殖加工及出口创汇农业区。农产品的专业化、集约化、品牌化有了较大提高。农民与龙头企业的联结方式不断发展。发展模式由"龙头企业 + 农户"的单一模式，逐渐向"龙头企业 + 基地""龙头企业 + 中介服务组织 + 农户"等多种模式发展。

第三节　寒地黑土区农产品品牌管理存在的问题

近年来，在寒地黑土区农业经济的发展过程中，部分农产品品牌被创立，也涌现了一些农产品名牌，但是农产品品牌的价值开发处于起步阶段，农产品品牌的竞争能力还没有得到体现。农产品品牌管理存在一系列问题，这些问题主要表现在以下几个方面。

一、个别企业品牌意识淡薄

企业品牌是企业无形资产和无形资产价值的表现，"品牌是一种名称、术语、标记、符号或设计，或是它们的组合运用，其目的是借以辨认某个销售者或某群销售者的产品或服务，并使之同竞争对手的产品和服务区别开来。"众所周知，知名度高的品牌产品的市场占有率一般都高于知名度低的

品牌产品的市场占有率，农产品也同样遵循这一市场规律。

品牌竞争力在农业企业核心竞争力中至关重要，品牌营销是农业企业营销的关键。一个农业企业是否能成为知名度高、信誉好的品牌，对于企业来说至关重要，关系到企业的市场竞争能力、需求拉动能力和稳定消费者的能力等。

绥化市农产品加工企业在长期的计划经济条件下，靠卖"原字号"产品生存。由于缺乏市场竞争，企业没有品牌意识，没有把品牌看作影响企业长期竞争力的有价值的无形资产，许多企业不知道创造品牌就是创造财富。观念和市场意识的落后往往比产品落后更可怕。寒地黑土区普遍存在着企业品牌意识淡薄、不重视创建品牌、不会利用品牌来保护自己的利益的现象。

以寒地黑土核心区的绥化市粮食生产为例，2018 年，绥化市耕地 2 824.6 万亩（约 1.9 万 km^2），其中旱田 2 286 万亩（约 1.5 km^2），水田 526.6 万亩（约 3 511 km^2）；粮食作物播种面积 2 683.5 万亩（约 1.8 km^2），全年粮食总产量 10.995 亿千克。创建国家级标准化绿色食品原料生产基地 16 处，面积 890 万亩（约 5 933.3 km^2），绿色（有机）食品认证面积 1 201 万亩（约 8 006.7 km^2），有机食品认证 25 万亩（约 166.7 km^2），"三品一标"认证总数达到 1 471 个。

水稻是寒地黑土区的主要粮食作物，稻米是城乡居民的主食。绥化市生产的大米不仅质量上乘，而且口感极佳。但是，许多大米并没有任何品牌，即使有品牌也是像双河大米、庆安大米、黑龙粉米这样的产地品牌，或者粒粒香大米、精制大米这样毫无特色的大米品牌。本来产地品牌能够代表产地粮食的一些特色，但像双河、庆安这样不知名的小镇、小县，外地人不仅不曾听说过，在地图上也很难找到。这种品牌命名方式没有体现出寒地黑土区农产品的差异化特征。

某些企业由于品牌意识的淡薄，片面地追求短期利益，将品牌费用的支出看作成本而不是投资，比如有些企业的产品在某个博览会上获得了名优称号，就在大米产品的包装袋上随意印上"中国名牌"的字样，这种不经过权威认证的标志是无效的，而且这种行为也是违法的。或许可以给企业带来短期的经济效益，但是对长期而言，不利于企业品牌的建设，同时也是在欺骗消费者。

如果忽视品牌效应，绿色食品企业就不能打造一个能够吸引消费者注意力的"品牌"或"金牌"，不利于拉动本产品的绿色需求，无法形成一个长期稳定的特色品牌消费群体。

二、多数企业品牌竞争力弱

从寒地黑土核心区农产品的发展来看，除少数龙头企业外，大部分绿色食品加工企业的规模小、加工能力弱，多数企业采用传统的产品营销方式。至今为止还没有形成像诸暨珍珠、寿光蔬菜那样规模大、效益好、知名度高、竞争力强的特色支柱产业。加工企业规模偏小、带动能力和抗风险能力较弱，因此规模效益难以形成，制约了农产品加工企业的进一步发展。

虽然有的绿色食品品牌在质量上已经超出了知名度较高的同类绿色食品，但由于其规模小、竞争能力有限，也只能成为激烈的绿色食品竞争市场中的"隐士"，优质不能高价，不但难以"出人头地"，而且连维持自身生存都有困难，严重削弱了品牌的获利功能。

三、品牌多杂乱且名牌少

寒地黑土区农产品品牌多、杂、乱，名牌少，一个县、市农产品有十几个牌子，甚至同类产品同时有几个牌子。据不完全统计，寒地黑土核心区的绥化市仅大米就有30多个品牌，比如东北大米全国闻名，然而大多数老百姓在东北大米的外包装上看到的却是免淘大米、清水大米这样的字样，并不知道是什么牌子的东北大米。出现这种情况有以下两点原因。一是在农业产业结构调整过程中，某些地区强调"县有主导产业、乡有强项经济、村有骨干产品、户有经营项目"的"一乡一业、一村一品"的产业化格局，不可避免地出现了"杂牌军"。二是在绿色食品产业的发展初期，产业利润相对较高，其催生出来的经济主体大都可以成活。目前，全国都在发展绿色食品产业，国外的无公害食品也将打入我国市场。寒地黑土区如果没有名牌产品的支撑，未能形成一批知名品牌，就不可能持续发展。

另外，假冒伪劣产品时常充斥着我国绿色食品市场，在损害消费者利益的同时，模糊了绿色食品在消费者心目中的形象。当消费者对绿色食品难以辨别真假的时候，大部分消费者就会自然地倾向选择知名度高、品牌好的绿色食品；同质异牌现象严重，令消费者无所适从，易造成品牌的信誉危机。

四、品牌间盲目竞争，缺少主角

寒地黑土区的农产品品牌大多是区域性品牌，品牌众多且分散，在区域外的知名度很低，其市场开发受到了很大的限制，很多外埠商贾以低廉的价格收购黑土区的原产品，进行简单包装后就能高价卖出。摆在黑土经济面前的一个现实问题就是产品虽优，但名气不大、品牌不响，寒地黑土物产没有达到物有所值。

同时，各品牌的农产品在销售过程中往往表现为各自为政、分散经营、互相挤压、盲目竞争、自相残杀，出现了区域内部"窝里斗"的现象。

许多绿色食品企业的品牌不响、整体优势不明显、市场认识度低、企业文化底蕴不深厚、整体市场美誉度低等问题比较严重。盲目竞争、缺少主角、没有核心品牌已成绿色食品产业发展的瓶颈。优势不够突出，必然使消费者无所适从，同时也给绿色食品企业的信誉度带来了负面影响。农产品各类品牌之间常常出现无序竞争、相互倾轧的现象，极大地增加了竞争成本。大多数绿色食品企业难以获得平均利润，有些规模小、竞争力差、市场前景暗淡的企业，为了推出所谓的品牌产品，忽视了产品质量和环境约束，严重扰乱了正常的市场秩序。

五、品牌经营手段简单，品牌维护乏力

寒地黑土区的大部分农业产业管理组织经营手段单一，品牌组合、品牌延伸等策略应用较少。农产品以小规模农户生产为主，由于农民的市场经济

观念比较落后、品牌保护意识淡薄、对农产品的认识仍停留在产品阶段、未形成农产品商标意识，因此很多农产品的生产组织缺乏品牌管理经验，没有对自创品牌实施有效的法律保护，出现了竞争对手合理盗用品牌的现象。各种假冒伪劣产品充斥着广大城市和农村市场，各种侵权现象屡见不鲜，合法的品牌产品权益得不到有效的保障，最终引起消费者对农产品品牌的反感心理，损害了生产者和消费者的利益。

（一）农产品品牌未形成规模

从世界农产品品牌的成功经验来看，农产品品牌多为先有规模，后有品牌，规模支撑品牌的发展模式。我国农产品品牌开发却以规模小、杂、弱，经营分散的农户为主要依托。农业企业规模小、经营分散的生产特点，使农产品品牌无论在地域上还是在产业链环节上，都存在一定的分散性和分割性，难以形成组团出击、集中打响品牌的合力。

（二）传统产品多，创新产品少

在现有的农产品中，传统产品占相当大的比例，有些传统产品随着人们消费水平的提高，其特色正在逐渐弱化；有些则品质下降、退化。从农产品科技创新来看，现有农业企业的产品基本停留在粗加工上，精深加工产品、二次增值产品少，高科技产品更少，农产品品牌科技含量低。

（三）品牌建设和宣传的力度不足

品牌知名度和美誉度的提高是品牌价值得以实现的必要前提，这一切都离不开各种形式的宣传。由于农产品的单位价值、需求价格弹性较低，其品牌效益短期内难以显现，品牌认知和识别困难，品牌建设费用投入大、见效慢，这也是制约农产品品牌快速成长的重要原因之一。

（四）农产品品牌保护力度不强

影响工业品牌地位和信誉的主要障碍是假冒伪劣，这种情况同样会在农产品上出现。品牌是无形资产，属于知识产权保护的范畴。农产品品牌的保护范畴主要包括农产品的专利、商标、原产地名称和制止不正当竞争等。传统品牌承载着几代人的辛勤劳动，品牌所有者应千方百计地保护其原有的地位和优势；新产品的品牌倾注着企业和生产者的心血，需要悉心呵护、认真对待。

第四节　寒地黑土区农产品品牌的整合管理

一、品牌整合的必要性和可行性

品牌整合作为品牌管理的重要方法，是指企业或区域政府为了维持和提高企业或区域品牌的长期竞争优势，把品牌管理的重点放在建立"旗帜品牌"上，明确"旗帜品牌"与其他子品牌的关系，提高产品的销售额和知名度，从而使企业或区域内的品牌形成整体竞争合力。

（一）寒地黑土区农产品品牌整合的必要性

我国加入 WTO 和实施西部大开发以来，农业产业化、经济一体化趋势日渐明显，国内外农业市场的竞争也愈发激烈。实施农业产业的品牌战略，不仅有利于提高我国农产品的市场竞争力，而且有利于进一步开拓我国国内的农产品市场，更有利于带动一些地方特色农业产业的发展，以推动地方农业企业、优质农业的全面发展。寒地黑土区农产品品牌整合的必要性具体来说表现在以下几个方面。

1.有利于消费者识别农产品的品质

随着农业科学技术的飞速发展，不同农产品的品质相差甚远。农产品品牌大部分都能达到国家相关的质量标准，甚至符合绿色食品标准，但不同的品牌之间仍会存在很大的品质差异，如风味、质地、口感等。这些差异是消费者无法用肉眼识别的。因此，消费者只能通过包装上的品牌标识来区分不同产品。品牌标识不是国家质量标准文件号或绿色食品标记，后者反映的是产品的质量和卫生程度，并不能表现农产品品质。另外，绿色食品标记不是商标，不具备法律约束力，在市场营销中极易发生假冒现象，且不易被查处。

2. 有利于保持生产商的市场份额和农业产业化的稳定

我国农业产业化生产一直是非市场引导型生产，经常出现大量农产品销售困难、价格大涨大落、市场风险大、农民的经济利益无法得到保障等现象，即"丰产不丰收"。在我国加入 WTO 前，生产商有自己固定的消费人群及稳定的销售市场，有利于农业生产者有计划地安排生产、避免市场销售风险。自从我国加入 WTO，农业企业面临的是世界范围的市场竞争，如果不发展自己的农产品品牌，将来我国农产品所面临的市场风险将会进一步扩大，农民收入的稳定增长将会受到阻碍。

而在金融危机的背景下，许多大型企业都面临着倒闭和裁员的风险，消费者购买产品时也谨慎起来，更趋向基础产业市场，这无疑又给地方的中小型农业企业带来了机遇。中小型农业企业应借此机会树立自己的品牌，让消费者更快地识别本企业的产品。

3. 有利于农产品获得市场垄断优势

品牌是产品品质差异的标志。不同农产品品牌的差异化程度越高，消费者就会对某些品牌形成一定的偏爱，使不同品牌的农产品形成各自稳定的消费群体。农产品品牌化能吸引更多的消费人群，也能排斥非品牌生产者的进入，潜在竞争者遇到的进入障碍增大，从而压缩非品牌农产品的市场份额。

4. 有利于农产品获得相对高价的优势

国内外市场对农产品质量的要求越来越高，消费者不仅要求农产品无污染，而且要求其具有较高的营养价值。因此，消费者对高质量农产品的需求价格弹性较小，有利于农业企业提高产品价格，获取较高的附加价值。

5. 有利于农产品具有较高的市场渗透能力

首先，农产品品牌的需求收入弹性较大，随着消费者收入水平的提高，消费者更倾向于购买品牌农产品；其次，品牌农产品的需求交叉价格弹性较低，使得农产品品牌面临较大的市场机遇。随着人均收入的提高，社会对同质性强的农产品的需求不会随收入的提高而同步增长，但是对于具有不同质的品牌农产品的需求却会高速增长。

（二）寒地黑土区农产品品牌整合的可行性

下文将以位于寒地黑土核心区的绥化市为例，对寒地黑土区农产品品牌整合的可行性进行分析。

1.品牌整合的物质基础

黑龙江省绥化市位于黑龙江省中南部、松嫩平原的呼兰河流域，总面积约为 34 964.2 km²。绥化市浅山丘陵面积占总面积的 19 %，江河池沼面积占总面积的 9 %，平原占总面积的 72 %，总体结构为"二山一水七分田"。绥化市地域广袤，均处于我国寒地黑土的核心地带，其黑土土层深厚、疏松易耕、养分丰富、保水保肥、酸碱适中。绥化市的冬季寒冷漫长，夏季雨热同期，无霜期110～140天，土壤冻结期140～200天，只有在这种土壤和气候条件下，生物才能够良好地生长，土壤才能形成特殊的品质，积累特定的营养。

绥化市处于边疆地区，开发较晚，自然环境破坏较轻。得天独厚的环境因素，不仅使绥化市的农产品外形饱满、口感好、营养丰富，而且在绥化市的不同区域，农产品品质也没有太大的差别。例如，绥化各市、县的大米单论口感和质量，是没有什么差别的。这种农产品的品质趋同性，在一定程度上决定了品牌整合能够顺利进行，整合后的各个品牌产品之间一般不会因为品质上的明显差异而损害整体品牌形象。

2.品牌整合的产业基础

绥化市已经初步建成了一批以绿色农业为基础的绿色农产品生产基地。例如，以肇东和青冈为主的绿色玉米产业开发带、绿色有机葵花产业开发带；以海伦、北林和望奎为主的绿色大豆产业开发带、绿色马铃薯产业开发带；以庆安、北林、绥棱、海伦和兰西为主的呼兰河上中游绿色水稻产业开发带；以安达、庆安和望奎为主的绿色蔬菜产业开发带；以安达、肇东为主的绿色乳制品产业开发带；以望奎、北林和安达为主的绿色肉类产业开发带；等等。

绥化市一大批绿色农产品生产基地已初具规模，形成了中国奶牛之乡——安达、中国优质大豆之乡——海伦、中国绿色食品水稻之乡——

庆安、中国亚麻之乡——兰西、中国万寿菊之乡——青冈等特色经济区域。不断发展壮大的绿色食品产业基地为农产品加工龙头企业提供了绿色、安全、标准化的生产原料。

绥化全市共有国家级农业产业化重点龙头企业 11 户、省级企业 95 户，有 7 户企业入围"2020 第四届中国农业企业 500 强"，占全省的 18 %，大庄园、双汇北大荒、贝因美、伊利等产品均产自绥化，真正显示了当地多年全力做强"工尾""食尾"的巨大成效。绥化市绿色物产品牌整合具有较好的产业基础。绥化市绿色食品加工龙头企业相关内容如表 5-2 所示。

表 5-2　绥化市绿色食品加工龙头企业

企业种类	绿色玉米食品加工龙头企业	绿色乳制品、肉类加工龙头企业	绿色大米加工龙头企业	绿色大豆加工龙头企业
龙头企业	肇东华润酒精有限公司、青冈龙凤玉米开发有限公司、肇东成福食品集团有限公司	伊利乳业集团、肇东乳业集团、安达红星乳业集团、南京雨润集团、北大荒集团	七河源米业、鑫利达米业、双洁米业、绥棱利凯米业、绥化黑龙粉米、双河米业、沃必达米业集团	海伦松北王集团、绥化金龙油脂有限责任公司、庆安庆翔油脂有限责任公司

3. 品牌整合的生命基础

绥化充分发挥寒地黑土的品牌优势，用品牌力量进一步提升影响力、竞争力和市场占有率。中粮米业、昊天玉米、维维食品、寒地黑土农业物产集团、白象食品等骨干企业涉及各类产品达 120 余个，形成 14 个品牌，其中福临门、维维、白象、寒地黑土等为"中国驰名商标"，兴贸淀粉为"中国名牌产品"。这些品牌农产品具有良好的市场发展前景。

只有加强产业化、市场化运作，有效实施农产品品牌管理，才能使农产品在国内甚至国际市场上提高知名度，为实施优势农产品品牌战略起到良好的示范和带动作用。绥化市现有的优质农产品品牌为进行品牌整合奠定了基础。

4. 品牌整合的经济基础

品牌整合的目标是把品牌做大做强。绥化市大多数生产基地和农产品加工企业的规模较小、资金薄弱、生产技术和管理理念落后，在市场竞争中处于弱势地位。绥化市实施以寒地黑土资源为依托的品牌整合，通过统一品牌名称、品牌定位、品牌符号、品牌包装和品牌质量标准，提升品牌价值，使参与品牌整合的所有生产基地和农产品加工企业都能够获得相应的经济利益，而这个利益一旦形成，就会相对稳定长久，具有共享性和稳定性。做大做强产品品牌，达到双赢和多赢是品牌整合共同的目标。由此可见，绥化市绿色物产品牌整合具有较好的经济基础。

5. 品牌整合的政策基础

品牌整合的过程，就是品牌产品及企业在市场竞争中不断被筛选、淘汰的过程，经过筛选、淘汰，最终每个产业只剩下少数几个拥有较高市场占有率的知名品牌。但是，品牌整合如果完全依靠市场手段，那么过程会十分漫长，如美国轿车产业集中度达到 70 % 用了约一百年时间。因此，品牌整合应在发挥市场主导作用的基础上，加强政府的政策引导，积极创造良好的外部环境，从而加快整合扩张步伐。

在绥化市委的倡导下，绥化寒地黑土绿色物产协会（以下简称"协会"）于 2004 年 6 月成立，该协会的成立健全了品牌整合组织体系。协会以"寒地黑土"为旗帜品牌，开始了绿色物产品牌整合的进程。绥化市绿色物产品牌整合用了 5 ~ 7 年的时间，培育了一批在国内外有影响力的知名品牌，形成了一批具有相当规模效益的名牌企业群体。在这一过程中，协会得到了各级政府和专家学者的协助与支持。绥化市在绿色食品办公室的基础上成立了绿色食品发展中心，在日常工作中加大认证监管力度，确保无公害农产品、绿色食品、有机食品的开发力度，以及绿色物产品牌整合的质量标准。对发展地方特色经济、打造寒地黑土品牌、开拓安全食品市场具有极大的促进作用。对于绿色物产品牌整合的工作，绥化市各级政府高度重视，中央政策研究室、省委、省政府政策研究室都深入一线，对绥化市打造寒地黑土品牌和发展寒地黑土经济进行专题调研，省政府在 2006 年、2007 年的政府工作报告中明确提出"积极打造寒地黑土品牌，巩固和提升绿色食品大省地位"的战略要求。联合国粮农组织、美中贸易发展协会等国际组织也先后考察了绥化市寒地黑土发展状况，给予其"寒地黑土打造了世界粮食和食品安全的典范"的高度评价。政府职能在绿色物产品牌整合中发挥了相当大的作用，这是绥化市农产品品牌整合的政策基础。

二、品牌整合的困难因素

2017 年，绥化市绿色食品认证面积达到 1 180 万亩（约为 7 866.7 km²），已创建国家级标准化绿色食品原料生产基地 16 处，面积 890 万亩（约为 5 933.3 km²）；有机食品认证面积 23 万亩（约为 153.3 km²），无公害产地认定面积 1 077 万亩（约为 7 180 km²）；市"三品一标"认证总数达到 1 471 个，共开发出粮油、乳制品、肉类、蔬菜、饮品、调味品、饲料等多系列的绿色产品。可以看出，绥化市的农产品系统结构复杂、行业多元。因此，绥化市在整合农产品品牌的过程中面临着重重困难，理论工作者要做好前期市场调研工作，分析可能存在的困难，并制定解决问题的对策。

（一）思想观念陈旧

1.个别企业主小富即安，缺乏做大做强的思想准备

绥化市绿色物产加工企业的调查结果显示，在对"本企业发展经营目标"一栏的调研中，有 80 ％的企业填写了企业未来的利润目标，只有 20 ％的企业填写了"提高经济效益和发展壮大品牌并重"的发展目标。致富型的企业主多于事业型的企业主，缺乏把企业做大做强的思想准备。面对强势企业的品牌整合行动，他们漠不关心、视而不见，埋头于企业内部的生产和销售。

2.多数企业缺乏共赢意识，没有品牌整合营销的观念和行动

有的生产者和企业没有品牌整合意识，认为只要有销路即可；有的生产者模糊了品牌与名牌的概念；有些企业虽然有着强烈的发展壮大企业、提高品牌知名度和美誉度的意识，但是往往孤军奋战，缺乏沟通意识、团队意识、全局意识，对联合营销、品牌整合作用的认识不足；还有个别企业认为"同

行是冤家"。

3.传统观念作怪，有意错过

长期以来，由于"宁为鸡头，不为凤尾"的传统观念作祟，绥化市许多农业企业忽视或有意错过了"整合"的机遇，丧失了很多做大做强的机会。对于企业家而言，如何借助强势品牌的影响力发展、壮大本企业，已成为一种高超的经营艺术。因此，应该让企业主利用品牌整合的有利机会，加强与寒地黑土区优秀农业企业的经济技术合作，引进其技术、资金、品牌和管理，迅速提升本企业乃至整个绥化市农业企业及其产品的发展水平。

（二）地域差异

1.生产地域差异带来的整合困难

虽然绥化市处于我国寒地黑土的核心地带，但其黑土类型及营养成分并不统一，主要类型包括黑土、黑钙土、白浆、草甸土、暗棕壤、砂土、沼泽土及水稻土等土壤类型，其中以黑土、黑钙土和草甸土所占比例较大。绥化黑土区土类面积及比例如表5-3所示。

许多同一品牌的农产品，即使生长在相邻的区域，其品质也有所不同。除土壤类型有别外，温湿度、日照、雨水等自然条件都存在着差异，直接影响着农产品品质的形成。以"东方亚麻城""中国亚麻之乡"兰西县为例，其虽然也处于寒地黑土地带，但属大陆性季风气候，年无霜期130天左右，有效积温2 700 ℃，平均气温2.9 ℃，平均年日照时数2 700 h，正常年降水量450 mm左右。得天独厚的地理及气候环境，使得兰西县成为我国少有的适宜种植亚麻的地区之一。

绥化市辖1区3市6县，即北林区、肇东市、安达市、海伦市、望奎县、兰西县、明水县、青冈县、庆安县、绥棱县。各县（市、区）处于不同的地域，这些不同地域之间的自然条件必然存在着一定差异，从而影响农产品质量的统一，给品牌整合带来困难。

表5-3 绥化黑土区土类面积及比例

土类	总面积 /km²	比例 /%	耕地面积 /km²	比例 /%
暗棕壤	34 667.292	9.08	17.5	0.09
白浆土	453.7	1.19	35.1	0.18
黑土	8 835.9	23.15	7948.4	41.74
黑钙土	9 327.3	24.44	6 120.5	32.14
草甸土	13 006.9	34.08	4 023.2	21.13
沼泽土	940.3	2.46	76.5	0.40
盐碱土	1 362.2	3.57	93.5	0.49
砂土	551.5	1.44	277.1	1.46
水稻土	191.7	0.50	444.3	2.33
泥炭土	29.1	0.08	6.2	0.03
合计	4 430.892	100	9 052.3	100

2. 生产方式差异带来的整合困难

第一，在绥化市不同的生产区域，农产品生产方式也不尽相同，这直接影响着农产品品质，如采用有机农业方式生产的农产品是纯天然、无污染、安全营养的食品，产品品质最高；采用绿色农产品方式生产的农产品品质较好；采用无公害农产品方式生产的农产品品质较差；采用受工业污染的水源灌溉的农产品品质极差。第二，不同的农业生产技术也直接影响着产品质量，如农药选用的种类、施用量和方式，直接决定着农药残留量；修剪、嫁接等技术及生物激素等的应用，会造成农产品品质的差异。第三，产品种植、养殖、保鲜、加工、贮藏及运输过程中各个环节的操作不同，同样会造成农产品的差异。因此，在农产品品牌整合过程中，由于地域之间自然条件、地理环境及生产方式的不同而出现的品质差异，会使整合的质量标准很难得到统一。

（三）农业产业化发展缓慢

1. 小农意识与现代农业理念的矛盾

绥化市是传统农业区，而传统农业最突出的弱点是各自为政、分散经营，这显然适应不了现代市场经济的要求。打破传统农业的思维定式，是发展现代农业首先要解决的难题。现阶段，现代农业的概念对农民和农产品加工企

业来说是有一定距离的，接受这一思想也需要一个过程。提升农业企业的组织化程度、推进农业的现代化进程将面临重重困难。

2. 小农生产方式与大规模产业开发的矛盾

绥化市是位于边疆省份的农业市，工业不发达、农业生产力水平低。个别地域广阔的农村，还处于半自给、半封闭的小农经济的生产状态。而这些地域又是农业产业化潜力开发的重点区域，小农生产方式无疑是进行大规模产业开发的一大障碍。

3. 广阔的市场前景与相对滞后的开发牵动力矛盾

绥化市有着丰富的农村资源，市场空间大，但加工企业规模较小、辐射不强、带动能力弱，真正算得上龙头企业的数量不多，农业企业的生产和销售状况普遍不够稳定，其生产带动能力、产品开发能力和市场占有能力相对滞后。

4. 产业化的巨大投资需求与投入严重不足的矛盾

绥化市农业产业化的基础比较薄弱，出现了巨大的资金供需矛盾。特别是由于农业及其相关产业周期长、比较效益低、资金回收慢，很难得到信贷支持，使其资金的供求矛盾愈加突出。

5. 产业结构优化升级的压力与人员素质低下的矛盾

农业产业化是一个不断演变推进的过程，从绥化市的经验来看，农业产业化正以不可阻挡之势向纵深迅猛发展。其总体趋势为产业链条越拉越长，产业化的领域不断拓宽，产业化运行机制和内部结构日趋完善。因此，必须通过产业结构的调整完善、优化升级来适应产业化发展的需要。目前，绥化市尚未真正形成一支具有管理现代化企业能力的企业家队伍，许多农副产品加工企业的厂长、经理的经营理念、经营行为仍未完成从小农生产到现代农业、从计划经济到市场经济的转变。作为产业化主体力量的农民，还没有完全具备产业化需求的市场意识、企业意识和相应的组织经营能力与专业技能，在与其他市场主体的联系和竞争中，往往处于劣势地位。这些都严重影响着产业结构的优化升级。

（四）品牌建设面临的整合困难

企业品牌整合是一个长期过程，既有观念的整合，又有相关制度的整合；既要确定品牌层次结构，树立旗帜品牌，又要在此基础上建立旗帜品牌与子品牌之间的联系，把产品品牌与企业品牌结合起来，这是品牌整合的关键。

1. 企业领导的狭隘观念

常常会有这种情况，当说服一个企业的产品加盟某知名品牌时，企业领导很不情愿，认为"好不容易批下来绿标，这是政绩，怎么能轻易让人给吞并了？"；有些品牌即便自己的经营情况不好，但也本着"自家的孩子再丑也是宝"的想法，对整合工作有抵触情绪；一些企业领导者对整合后本企业的定位产生疑虑。由于企业之间的联合经营涉及产权关系、税收等深层次问题，具体操作起来困难重重。即使有些企业勉强被"捏"到了一起，但由于合作基础没打牢，企业结构松散，"心不往一块想，劲儿不往一处使"，非但没有实现壮大企业实力、做大品牌的初衷，经营反倒退步了，各方都有意见。

2. 难以确定旗帜品牌

绥化市绿色农产品的品牌整合是在以绥化市为中心的寒地黑土区域内，在众多品牌中确定强势品牌，以强势的名牌效应带动其他品牌，推动绿色食品产业不断向前发展的过程。确立品牌联系之前，必须树立旗帜品牌。旗帜品牌是整个品牌家族乃至整个企业的灵魂，体现了品牌的个性和特色。培育旗帜品牌，是企业获得持久竞争优势的重要来源，也是品牌扩展和延伸的重要基础，在品牌整合中十分重要。从数量上看，旗帜品牌可以只有一个，也可以不止一个，尤其是实行多元管理的大企业，允许另外树立不同层次的旗帜品牌。

绥化市寒地黑土绿色物产品牌是一个多元化、多行业的品牌系统，绿色产品涵盖了粮油、果蔬、山产品、药材、烟草、饲料等农副产品，这些产品都有自己的品牌。众多品牌系列分属众多企业，仅绿色食品龙头企业就有50余家。面对这种情况，确定旗帜品牌就成为一个难题。

在进行品牌整合时，必然涉及品牌名称的整合，需要启用一个品牌名称，即旗帜品牌，来领导众多的子品牌。旗帜品牌的名称必须具有广泛的涵盖性，能深刻提示品牌的属性、利益、价值、文化、个性和用户。否则就会失去品牌名称的特性，造成子品牌个性的消失，同时也会增加品牌整合带来的风险。

绥化市农产品品牌众多，名称五花八门，对其实施整合必然要经历名称的重新更改和启用。因此，企业在考虑品牌的命名是否具有涵盖性、简明性等要点的同时，还要面临自己原有品牌个性被"稀释"等问题。如何正确使用旗帜品牌、如何适当地保留原有品牌的个性是摆在企业面前比较突出的问题。

3. 难以明确旗帜品牌和子品牌的关系

旗帜品牌确立后，就要明确旗帜品牌与子品牌的关系，要找到旗帜品牌与子品牌之间的联系。从理论上讲，旗帜品牌与子品牌共用的识别要素包括价值观、文化、创新能力、资金与技术、社会责任、对顾客的关注等。子品牌既要体现旗帜品牌的共性特征，又要表现特定产品的独特品质。

绥化市寒地黑土绿色物产的旗帜品牌与子品牌的共同点是产品具有相同的地域、文化、价值观、口感、质量和社会责任等。对于建立子品牌与旗帜品牌间联系的关键是找到联结切入点，要在品牌传播中采取相应的策略。目前理论界主要有以下三种策略。一是主副品牌策略，即同一产品使用一主一副两个品牌的做法。海尔集团就使用了这种策略。海尔的每种产品上都有"海尔好兄弟"的标识，显示了海尔作为旗帜品牌的突出地位。在此基础上小小神童、小神功等子品牌同时出现，使企业产品不仅能在主品牌下借势受益，而且能让消费者更清晰地认识到不同品牌产品之间的差异。二是品牌联合策略，即对同一产品使用不分主次的两个或两个以上品牌的策略。宝洁公司就使用了这一策略，从飘柔、潘婷、海飞丝到碧浪、汰渍，宝洁公司所有品牌都以"P&G"押脚。这样公司使两个或者两个以上的品牌有效协作、相互借势，进而提高品牌的市场影响力。三是独立品牌策略，即品牌上只见子品牌，而不出现旗帜品牌。子品牌蕴含着旗帜品牌的精髓，使人们联想到旗帜品牌的特征。

当然，还有很多品牌策略可以反映旗帜品牌与子品牌的联系，需要指出的是，除了研究品牌关系的策略理论外，还要考虑自己的产品、市场和环境等实际情况。

4.品牌管理的困难

品牌管理是企业管理的最新形式，是一项复杂的系统工程，需要企业制定长期的品牌战略，以提升企业自身的管理水平。

（1）建立品牌管理的组织保证。传统的企业组织结构往往不能适应品牌战略管理的需要，因此在企业内部建立强有力的品牌管理部门十分必要。

（2）建立品牌管理的绩效考核机制。企业应建立品牌绩效管理体系，将公司总体目标、长远目标层层分解、落实到人，将各部门和个人利益与公司的品牌建设目标结合起来，以形成强大的品牌战略执行力。

（3）建立专业的品牌管理队伍。品牌管理是一项比较复杂、专业性较强的工作，对管理队伍来说是一个巨大的挑战。因此，加强队伍建设是推进品牌整合的重要环节。

（4）明确品牌定位。品牌定位是指建立或塑造一个与目标市场有关的品牌形象的过程与结果。品牌应与目标消费者建立内在的联系。例如，吉林省德春米业有限公司将其产品的目标消费者主要定位于大专院校和政府机关部门；通化葡萄酒股份有限公司则将产品定位于贵宾或中高级礼品。

品牌的定位要有相对的稳定性，不应随意变动。绥化市农产品品牌整合，必然要打破原有各个农业企业品牌定位的稳定性，重新进行品牌定位。那么将整合后的品牌定位于哪类目标消费者，要考虑多种因素，要根据市场的变化而变化，但这种变化不能太快、太突然，否则就会引起消费者的误会。

三、品牌整合的策略

（一）品牌整合总体思路、目标和实施原则

1.品牌整合的总体思路

在进行品牌整合时，应树立科学的发展理念，落实农产品强势品牌发展战略，坚持以增加农民收入为核心、以农业产业化为统领，加快提升农业综合生产能力，更加注重结构调整，力求在做大做强优势主导产业、壮大寒地黑土经济实力上取得新的发展；更加注重特色农产品产业基地建设，力求在

改善农业生产条件、增强发展后劲上取得新的发展；更加注重寒地黑土特色农产品质量，力求在进一步扩大绿色农产品种植面积、提高产量的同时，保持寒地黑土区农产品独有的外观、口感和营养成分。发展壮大龙头企业，提高其加工生产能力，走农村工业化发展道路，按照现代企业管理制度的要求，对其进行产权制度的改革，这是品牌整合的重要基础。建立农村行业协会，按市场机制运作，在行业协会的引导下，组建基地、企业和合作社三位一体的农产品品牌共同体，从而推动各农业主导产业在全市范围内逐步打破区划界限，实行跨乡镇区域经营，实现农产品品牌的整合。

2.品牌整合的目标

根据本地农产品品牌整合的实际情况，绥化市提出了寒地黑土特色物产品牌整合的总体目标：以国家级和省级产业化龙头企业为核心，以增加农民收入为宗旨，以市场化集团化运作为手段，以资源整合品牌为思路，突出寒地黑土绿色物产的优势，力争用 5～7 年的时间，培育出一批在国内外有影响力的知名品牌，形成一批具有相当规模效益的名牌企业群体，增强龙头企业活力，推进农业产业管理，加快农业和农村经济结构战略性调整，走出一条农产品整合的成功之路，带动寒地黑土地区的农村经济持续、快速、健康发展。

3.品牌整合的原则

在明确了品牌整合总体思路和目标的前提下，为保证品牌整合沿着科学的方向发展，还必须明确品牌整合的原则。寒地黑土绿色物产品牌整合的原则如下。

（1）坚持市场机制、协会牵头和政府引导相结合。绿色物产品牌的整合应遵循市场规律，以市场需求为导向，通过品牌的市场竞争，实现优胜劣汰。从长远来看，品牌整合最好靠行业协会，而不是靠政府。因此，要有意识、有重点地围绕各大主导产业建立县、市两级行业协会，赋予其相应的职能，把政府不该管，也管不了、管不好的事交给行业协会。政府的职责是引导企业创名牌，提供政策鼓励，扶持龙头企业发展。

（2）坚持质量标准和消费需求相结合。质量标准是品牌整合的重要基础和前提，安全、营养和健康是消费者对绿色食品的期待。经过品牌整合后，寒地黑土绿色物产要保证产品的绿色和寒地黑土特征，即要保证寒地黑土区物产具有独特的外观、口感、色泽和营养。因此，要制定农产品质量标准，建立健全农产品质量标准体系。加入整合队伍的农产品质量必须达到规定的标准。同时，要重新设计农产品包装，产品包装要精致高档，重量规格要多样化，以满足不同消费者的需要，提高企业品牌的知名度。

（3）坚持品牌整合与生产基地、企业整合相结合。寒地黑土绿色物产品牌整合要与产业基地、农产品加工企业的整合结合起来，相互配合、相互促进，以提高产业管理的规模和品牌整合的质量。绥化市绿色食品种植面积大，但经营基地分散，生产方式和质量标准难以统一；龙头企业多，但整体上规模较小，辐射带动能力不强，难以在整个产业或行业发挥品牌整合的核心作用。这也是绥化市品牌整合进展缓慢的主要原因。解决这个问题的最好办法，就是在品牌整合的同时，加快生产基地和加工企业的同步整合。具体来说可以从以下两个方向进行整合。

一是整合龙头企业。在主导产业中大力发展龙头企业集团，特别是玉米、水稻、大豆、乳制品等企业，形成像完达山乳制品企业集团、九三油脂有限责任公司等大企业集团，按照现代企业管理制度的要求，对其进行产权制度改革，这是品牌整合的重要基础。

二是积极推动生产基地的整合和兼并。农产品品牌的整合首先是产业基地的整合，这是规模管理的基础。必须在合理规划产业布局的基础上，以成长性良好的品牌产品为依托，出台相关产业发展政策，鼓励同一产业各经营基地的农户逐步联合，扶持各龙头企业扩大生产基地，或进行生产基地联合挂牌，促进同一农产品的生产大户、基地在统一生产和质量标准的基础上，以相同的品牌对外销售，使全市范围内同一产业的多数生产基地成为这些龙头企业或品牌产品的加盟基地、供货基地、贴牌生产基地，从而推动各农业主导产业在全市范围内逐步打破区划界限，实行跨乡镇的区域经营，实现生产基地的整合和兼并。

（4）坚持政府动员和企业自愿相结合。绥化市政府应动员协助各行业

大中型企业积极加入行业协会，统一使用同一品牌，参与品牌整合管理。同时，根据实际情况，在比较成熟的行业全力打造行业协会。具体来说，具备条件的县（市）区可筹备组建县（市）区级行业协会，以开辟农产品行业管理的工作渠道。在品牌整合的过程中，政府是倡导者、建议者和支持者。企业和行业协会要以市场为导向，坚持"企业自愿，双向选择"的原则，不得使用任何行政手段为难企业。

（二）品牌整合策略的模式

绥化市寒地黑土品牌整合应参照"基地＋龙头企业＋农户"模式。这种模式的主要特点是龙头企业、农产品生产基地与农户结成紧密的贸工农一体管理体系，其最主要和最普遍的联结方式是合同（契约）。龙头企业与生产基地或农户签订产销合同，规定签约各方的责任、权利。企业对生产基地或农户提供全过程服务，设立产品最低保护价，保证优先收购；生产基地或农户按合同规定，定时定量向企业交售优质产品。由龙头企业加工，对产品统一贴牌、统一包装，最后实行利润返还。生产基地和农户可以分享农产品加工增值和销售利润。

（三）品牌整合策略的阶段

品牌整合有三个阶段。第一，品牌整合初始期，包括培育旗帜品牌、确定品牌层级、确定其标识并注册。第二，品牌整合发展期，包括确定旗帜品牌和子品牌的关系、统一品牌管理等。第三，品牌整合成熟期，在这一时期，企业充分利用现有品牌的价值和影响力，进行品牌延伸和扩张。

1.品牌整合初始期

这是整合的初始期第一阶段，一般为整合的前两年，主要目标是建立旗帜品牌、确定品牌层级。一般品牌系统可分为三个层级：旗帜品牌、产品线品牌和产品品牌。旗帜品牌是企业总品牌，也叫母品牌，如可口可乐、海尔。产品线品牌是产品大类的品牌，如康佳的七彩小神仙。产品品牌是子品牌，如海尔的小神功、小小神童等品牌。

绥化市寒地黑土绿色物产品牌整合应遵循品牌整合的一般规律，其策略包括以下几个方面。

（1）建立旗帜品牌，明确旗帜品牌的数量。旗帜品牌是品牌家族乃至整个企业的灵魂，起着统领全局的作用，在品牌整合中十分重要。建立旗帜品牌是整合初期的主要工作，通过建立核心的、旗帜性的品牌，突出产品的整体特点，强化产品的核心功能，从而为品牌整合打下坚实牢固的基础。绥化市寒地黑土特色物产品牌整合的第一步是确立旗帜品牌，即在以绥化市为中心的寒地黑土区域内，在众多品牌中确定强势品牌，以强势的名牌效应带动其他品牌，推动绿色食品产业不断向前发展。

旗帜品牌的数量可以是一个，也可以是多个。从某种意义上，产品线品牌也起着涵盖子品牌和统领全局的作用，可以将其看作旗帜品牌。一些多元管理的大企业甚至会建立不同层次的旗帜品牌。例如，联合利华是采用多个旗帜品牌的公司，该企业将伊利达作为护发系列产品的品牌，将旁氏作为护肤系列产品的品牌；索尼公司是采用多层次旗帜品牌的公司，索尼是该公司最高级的旗帜品牌，旗下还有一些次级旗帜品牌，如随身、运动等。

面对众多产品系列、龙头企业，绥化市寒地黑土绿色物产仅有一个旗帜品牌是不合适的，要建立多个旗帜品牌。既要有总旗帜品牌，又要有产品线级的旗帜品牌。

（2）要明确旗帜品牌的名称。旗帜品牌名称的来源可以有多种选择，可以以企业名称命名，也可以以城市名称或地域特征来命名，或者从龙头企业强势品牌中选择。为解决绥化市的农业问题，最重要的是重新认识其资源价值。绥化市的物产之所以优质，其根源和本质是特定的物候和土壤条件——寒地黑土。因此，绥化市确立了以资源整合品牌的思路，用资源本质揭示物产的价值，依靠资源整合带动绿色物产品牌整合，带动特色经济发展。寒地黑土作为绥化特色农产品的旗帜品牌，是非常科学和准确的，既反映了绥化市农产品的质量特征，又突出了绥化市所处的地理位置。可以说，寒地黑土是区域性优势品牌。

绥化市寒地黑土绿色物产的产品线旗帜品牌应该在主导产业中选择和培

育。当前，绥化市农产品的主导产业是玉米、水稻、大豆和乳制品产业，可以在这四大产业中分别选择和培育自己的旗帜品牌。

近年来，绥化市农产品加工企业发展很快，涌现出了一些龙头企业，如玉米加工企业有青冈龙凤、肇东中粮、肇东成福；水稻加工企业有黑龙粉米、双河米业、阜康米业等龙头企业；大豆加工企业有金龙油脂、佳地公司；乳制品加工企业有东兴乳业等龙头企业。这些企业加工规模较大，是绥化市农产品加工企业的支柱，如果以产品大类命名次级旗帜品牌，可以从玉米、水稻、大豆和乳制品等大产业中确定旗帜品牌名称，玉米可以统一使用"寒地黑土玉米"，水稻可以统一使用"寒地黑土水稻"，大豆可以统一使用"寒地黑土大豆"，乳制品可以统一使用"寒地黑土乳制品"。"寒地黑土"代表了绥化市的地域特征，而玉米、水稻、大豆和乳制品等系列产品，既反映了绥化市农产品的地域特征，又突出了产品和种类。

至于旗帜品牌下面的子品牌，可以这样产生：各产品系列下面的加工企业，向寒地黑土物产协会提出加入协会申请，经寒地黑土物产协会审查符合入会条件，则可以加入协会，其原来的品牌即是旗帜品牌下面的子品牌，如龙凤、黑龙、金龙、东兴等。

总之，无论旗帜品牌采取什么样的形式，其都要有一定的涵盖性。因为只有当品牌拥有涵盖性时，才能对内为整合产品品牌、协调内部关系发挥纽带作用，对外为维系企业统一形象、传递企业价值和品牌的信息发挥辐射作用。旗帜品牌才更容易得到扩展和延伸，从而为品牌整合的第二阶段和第三阶段创造有利条件。

2. 品牌整合发展期

品牌整合发展期是整合发展期的第二阶段，一般为整合的第 3～5 年，主要目标是确定旗帜品牌和子品牌的关系、统一品牌管理等。

确立品牌间的联系是品牌整合的关键步骤。明确品牌系统内的各品牌之间的关联，尤其是旗帜品牌与产品品牌之间的关联，有助于发挥品牌系统的协同效应；有助于降低企业子品牌的推广和维护费用，集中大量资金用于旗帜品牌建设；有助于提高企业的竞争力。在建立品牌，尤其是旗帜品牌与旗下品牌间的联系时，需要找到能够让品牌相互关联的内容。目前，许多美国企业在这方面做得十分出色，美国企业大都非常重视旗帜品牌的培育，其在所有的产品上都印刷旗帜品牌，在宣传子品牌时也不忘提醒消费者注意旗帜品牌。绥化市寒地黑土绿色物产品牌间联系的确立，应该学习某些成功企业的做法，可以采取以下两种策略。

一是混合品牌策略。企业在推出众多产品的同时，为了扩大企业旗帜品牌的影响力，往往在子品牌中包含企业旗帜品牌。例如，雀巢在其所有的产品品牌之上都加有 "Nes" 字头，如 Nestle（巧克力品牌）、Nescafe（咖啡品牌）、Nestea（茶品牌）等。因此，绥化市农产品实施混合品牌策略，可以在产品包装上显示寒地黑土龙凤玉米、寒地黑土黑龙水稻、寒地黑土金龙大豆、寒地黑土东兴乳制品，这样使得绥化市在推出众多产品品牌的同时，也宣传了寒地黑土旗帜品牌。

二是双品牌策略。产品主要以旗帜品牌来命名，再加上子品牌名称。世界上许多知名公司都采用这种策略，如东芝、丰田、通用汽车等。绥化市农产品实施双品牌策略，就是要在产品包装上既要显示寒地黑土的标识和产品系列（产品种类）标识，还要注明子品牌的名称。

3. 品牌整合成熟期

品牌整合成熟期是整合的第三阶段，一般为整合的第 5～7 年，甚至可能更长。这一阶段的主要目标是充分利用企业现有品牌的价值和影响力，进行品牌延伸和扩张。

通过品牌整合的前两个阶段，企业旗帜品牌与产品品牌在价值观、文化、创新能力、资金与技术、社会责任、对顾客的关注等方面达到了高度的融合和共享，这种高度的融合和共享品牌是企业的无形资产，企业应不失时机地将现有品牌进行延伸和扩张。

品牌延伸，即利用现有品牌名进入新的产品类别，推出新产品的做法。例如，海尔在电冰箱领域培育品牌成功后便进入其他电器产品领域。显然，成功品牌能够帮助企业更容易地进入其他产品领域。品牌扩张，即运用品牌及其包含的资本进行发展、推广的活动。例如，雅马哈早先是一家摩托车生产厂商，后来进入音响、钢琴、电子琴等领域，这就是典型的品牌扩张行为。从定义来看，品牌延伸和品牌扩张的不同在于所推出的产品是否针对同一市场，如果是相同市场，那么是品牌延伸；如果是进入完全不同的市场，那么是品牌扩张。

绥化市寒地黑土绿色物产的品牌延伸和扩张，就是要使寒地黑土这一地域性旗帜品牌迁移到寒地黑土区的其他农产品和其他行业，以促进绥化市经济的发展。绥化市农产品是多元化的产品系列，寒地黑土旗帜品牌不只局限于玉米、水稻、大豆和乳制品，可以延伸至高粱、芸豆、小麦、甜菜、亚麻、烤烟、果菜、马铃薯、万寿菊、中草药、山野菜、甜菇娘等产品；寒地黑土旗帜品牌不只局限于农产品，还可以扩张至绥棱黑陶、海伦剪纸、庆安版画、北林风筝、望奎皮影和兰西挂钱等手工艺作品。

（四）品牌整合趋势模型

品牌整合能否向前发展，通过品牌整合趋势模型可以预测。

品牌整合趋势由四个因素决定，如图 5-1 所示。

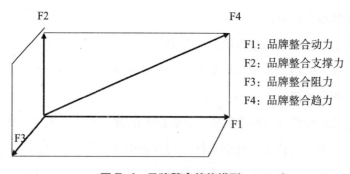

F1：品牌整合动力

F2：品牌整合支撑力

F3：品牌整合阻力

F4：品牌整合趋力

图 5-1　品牌整合趋势模型

F1 是品牌整合动力，是寒地黑土区域政府、企业和农户对品牌现存问题和品牌整合必要性的认识。这种认识的水平越高、越深刻，品牌整合的紧迫感越强，品牌整合动力越大。

F2 是品牌整合支撑力，是寒地黑土区域品牌整合的有利条件，即品牌整合的可行性，包括现有的物质条件、经济条件、技术条件、市场条件和政策条件。这些条件越丰富、越优越，品牌整合支撑力越大。

F3 是品牌整合阻力，是寒地黑土区域品牌整合的困难因素。主要包括思想观念、生产方式、地域差异和农业产业化进程方面的不利因素，这些因素越多、越大，品牌整合阻力越大。

F4 是品牌整合趋力。品牌整合趋力越大，品牌整合趋势越强劲。F4 由 F1、F2 和 F3 三个分力合成。F1 和 F2 构成品牌整合的动力层，F3 构成品牌整合的阻力层。F4 并不是 F1、F2 和 F3 简单代数和。进行品牌整合并不是为了突出发挥其中某一种资源的优势，而是要对企业所有资源进行整合，使其协调发展，形成"1+1 > 2"的协同效应。这对整个区域性行业的整合同样适用。

由农产品品牌的发展现状可知，绥化市品牌整合阻力很大，但品牌整合的动力层更为可观。

因此，只要加大绥化市农产品品牌整合的力度，充分利用各种媒体进行宣传，对产品和服务进行统一而有效的改进，同时对不同企业的企业文化进行有效的互补整合，一定能克服种种阻力，提升绥化市农业企业的品牌整合趋力。

（五）品牌整合的内容确定

品牌整合的内容包含五大要素：品牌符号整合、品牌属性整合、品牌价值观整合、品牌运营策略整合、品牌竞争力整合。

1. 品牌符号整合

品牌符号是区别产品或服务的基本手段，包括品牌名称、标识、象征物、色彩等要素。品牌符号是品牌的象征，是品牌文化的外在表现。一个好的品牌符号系统，可以通过传播渠道快速而有效地进入消费者的脑海里，并形成强有力的品牌——记忆与联想。

绥化市农产品品牌名称一般是产地地名加产品类别名称，命名方法过于单一，可以考虑以人物、地名、事件、描述产品鲜明特色的形容词等来命名。

与品牌名称相比，品牌标识具有视觉性质，因而容易识别和记忆，在建立品牌联想中发挥着很重要的作用。

2.品牌属性整合

品牌属性是品牌的基础，是指消费者感知的与品牌的功能相关联的特征和利益，它反映的是消费者对产品功能的评价。绥化市农产品品牌的功能必须集中体现寒地黑土区域农产品的外观、口感、色泽和质量，体现寒地黑土的资源特色，并将这一信息准确地传递给消费者。

3.品牌价值观整合

品牌价值观是产品品牌在生产、销售、服务等价值链活动中体现出来的价值观念形态。品牌价值观不是质量，而是产品中体现出的质量意识；不是服务，而是凝结在服务中的服务理念和服务艺术；不是营销策略，而是指导策略制定的营销理念和道德；不是品牌塑造的具体行为，而是这些行为之后的价值取向和伦理意识。总之，品牌价值观是抽象的观念形态，是企业文化在品牌塑造行为中的映射，构成了品牌塑造行为的灵魂。

4.品牌运营策略整合

品牌运营策略是指在品牌整合的整个过程中，从塑造品牌到提升品牌、扩展品牌、延伸品牌及品牌保护的过程中，为提高品牌竞争力、品牌价值最大化所运用的方法。品牌运营整合策略包括品牌价值、品牌形象整合、品牌传播与沟通整合、品牌战略与具体实施策略整合。

5.品牌竞争力整合

品牌竞争力是一种集合能力，是企业内部不同能力的集成组合，是企业品牌拥有的区别或领先于其他竞争对手的独特能力，能够在市场竞争中显示品牌内在的品质、技术、性能和服务，能够引起消费者的联想并促进其购买行为。因此，任何一种单一的能力都不能形成品牌的长期竞争力。企业的资源优势、技术优势、人才优势、管理优势、营销优势最终都应转化为企业的品牌竞争力优势，只有这样企业才能在激烈的市场竞争中实现生存与可持续发展，保证企业的长盛不衰。

（六）品牌整合的保障措施

品牌整合困难重重，为保证品牌整合顺利进行，必须建立和完善品牌管理体系，建立健全品牌整合的保障措施。为此，要做好以下几方面的工作。

1. 建设名牌产品生产基地

农产品生产基地是龙头企业赖以生存的基础，开发名牌产品必须抓好生产基地建设。

（1）扩大基地规模总量和集中度。绥化市龙头企业要在扩大基地规模总量和集中度上下功夫，从比较优势出发，充分发挥产业区域化布局的先导作用，全面建设优质玉米、大豆、水稻、马铃薯、亚麻、乳肉牛、生猪七大重点产业带，扩大优质粮种植面积，同时重视杂粮、饲用玉米、青贮玉米和豆科牧草的开发；在特色产业带建设上，要重视马铃薯、亚麻、烤烟、瓜菜、药材、万寿菊等优质高效特色产业的开发；要重视民间技艺的发展，为寒地黑土品牌的延伸和扩张奠定基础。

（2）强化基地生产管理。绥化市应组织基地农户在生产过程中严格执行"三品"生产操作技术规程，增施有机肥和生物肥；扩大物理和生物防治病虫害面积；全面建立市、县、乡、村、户绿色食品基地建设管理体系；建立绿色食品生产标杆示范园区。

（3）改革完善机制，形成基地、加工和销售合力。建立完善有序的运行管理机制是保证知名品牌质量和生命力的核心，而连接知名品牌产品各个环节机制的核心是利益。因此，绥化市政府要建立科学合理的机制，兼顾各方利益，发展壮大知名品牌；要向生产基地低利润环节倾斜优惠，通过让利反哺使生产基地有利可图、获得发展；要让加工、销售等环节通过提高生产效率获得较高利润。

2. 培育壮大龙头企业

龙头企业是农业产业化的核心，是打造精品名牌的关键，是品牌整合的依托。

目前绥化市农产品加工业龙头企业不仅数量少、规模小，而且加工层次低、产业链条短，没有实现有效延伸。要改变这种状况，建议采取以下措施。

第一，以玉米、水稻、大豆和乳制品等产业的龙头企业为依托，加快资产重组。要在科学论证的基础上，按照市场规律，以资本为纽带，以现有名牌产品为核心，把相同行业中地域特点、技术手段基本相同或相似的企业，通过整体兼并、出资买断、投资控股、租赁经营、联合经营等形式组建成紧密型的大企业集团，共同开拓市场，提高品牌产品的市场占有率和品牌的知名度。小而弱的品牌企业要向名牌企业靠拢，组织联牌联销，推进统一品牌、统一标识、统一产品标准、统一包装、统一价格、统一销售，依托名牌实现发展，拓展品牌效应，提升产业层次。对污染严重、浪费资源、产品质量不高的企业，要加强管理，限期改进。通过资产重组，短期内迅速实现生产集中和经营规模化，减少同一产品的过度竞争，提高产业组织效率。

第二，以初加工产品为原料，再次拓展项目，搞好深层次开发，进一步延长产业链，通过多层次加工，实现农民增收、企业增值、规模扩大。在重视加工型龙头企业建设的同时，还要注重其他类型龙头企业的建设。大力支持各类农民专业合作组织、专业协会、农产品专业批发市场等担当产业化龙头，逐步由小到大、由弱到强、由分散走向联合，形成"群龙起舞"、竞相发展的格局。

第三，加大招商引资力度，利用优势资源和优良环境，吸引国内外大集团、大企业参与绥化市的农产品加工，壮大龙头企业规模，加快知名品牌整合的步伐。

3. 全面提高产品质量

提高特色农产品的质量是农产品品牌建设的重点，农业科技创新是现代农业发展的重要支撑和根本出路；加快绿色农产品标准制定，实施农业标准化是加快农产品质量认证的基础。绥化市发展寒地黑土经济，创建绿色农产品品牌，全面提高产品质量，不能仅依赖得天独厚的土地资源，必须走科技创新、标准化体系发展之路。

科技创新是指所有与科学技术相关的创造性活动，包括科学知识的生产、新技术和新产品的研发、技术的引进与本土化、成果的转化与推广等。绥化市农产品加工企业的科技创新工作要从以下几方面着手。第一，要加大科技投入，有条件的龙头企业要建立科技创新基金，资金重点用于高新技术和名牌产品开发。第二，积极培育农业科技创新主体。鼓励和支持农业龙头企业、农民专业合作组织和农业专业协会成为农业科技和成果转化的主体，加快新品种、新技术开发和应用。第三，建立企业技术中心，形成技术创新体系。坚持产学研相结合，围绕创建品牌和产业升级开发重点科技项目，加速科技成果转化。第四，鼓励农业科研院所和东北农业大学、哈尔滨林业大学、绥化学院等高校采用技术入股等多种方式，与农业企业、专业合作社和种养大户建立合作关系，开展科技咨询、技术指导、技术培训等服务，推进农业科技产业化进程。

农业标准化是对农业经济、技术、科学、管理活动中要统一协调的各类对象，制定并实施统一的标准。农业标准化是组织和实现农业科学管理的基础工作。农业标准化的实施效果直接影响农产品创名牌的进程。从绥化市来看，之所以该市绿色产品名牌少、附加值低，是因为农业标准化实施还存在"三低"现象。一是标准层次低，地方农业标准与省、国家和国际接轨不够。虽然绥化市先后制定并实施了13个《种植业生产技术操作规范》、48个《寒地黑土绿色食品标准》、3个《寒地黑土服务标准》，同时又推行了《产品安全识别码制度》，建立了比较完善的农产品标准体系和可追溯制度，农产品标准化建设得到了经营者的重视。但由于缺少专业人才和技术设备，有些检测、试验办法还停留在原始阶段，应对技术壁垒森严的国际市场能力较弱。二是推广应用率低，农业标准的实施工作滞后。有些地方只注重标准的制定，不注重标准的实施，即使是获得注册品牌农产品，其生产、加工等各环节仍是常规生产、传统做法、标准化程度差。三是科技含量低。发达地区农业企业科研开发投入平均占销售收入的5％以上，而绥化市绝大多数企业不到1‰，特别是在农产品的保鲜、包装、冷藏、运输等方面还有许多不足。

为发展寒地黑土经济，绥化市必须实施农业标准化，加快农产品质量认证，具体来说要采取以下几个方面的措施。一是实施符合标准的生产技术。

不仅要严格实施单项农业技术标准，还要对产前、产中、产后全过程管理推行标准化，实行名牌农产品生产经营的规范化、科学化、规模化。二是加大对农产品的质量监测力度，严格遵循创建知名品牌的要求，在每一个环节都按照规定的质量标准进行生产，同时要实行农产品市场准入制度，从源头环节严格监控农产品质量。三是不断提高农产品的科技含量。广泛运用生物工程技术、现代先进种养技术、信息技术和先进的贮藏、加工技术，降低成本，减少环境污染。要把科技创新的重点放在农产品的精深加工上，将大量廉价的初级农产品变为高附加值的深加工农产品，不断提高名牌产品科技含量和附加值，把资源优势转化为市场竞争优势。

质量是农产品品牌的生命和生存的资本。只有在不断提高农产品质量的前提下，消费者对农产品的信任度增加，企业生产出的农产品在竞争激烈的市场中才能被市场认可，农业企业才能不断地扩大再生产，品牌才会越来越有"效应"。

4. 提高市场占有率

为进一步扩大绥化市绿色物产品牌的影响力，真正使寒地黑土成为知名品牌，必须引导产品质量高、市场前景好的企业，加大品牌宣传力度，积极拓展市场，大幅度提高品牌的知名度和市场占有率。

加大寒地黑土品牌的宣传力度，可以充分利用国内广播、电视、网络等主要媒体进行广告宣传；在北京、上海、南京等大中城市适时召开新闻发布会，针对目标市场和主要客户，开展知名品牌的促销展示会；由政府出面举办一些特色农产品节，提高寒地黑土品牌的知名度和影响力，扩大销售范围，增强市场竞争力。还可以建立完善市场体系，把名牌推向市场。加强专营店和连锁店建设，重点开拓京、津、沪等大城市和沿海发达地区市场，发展直销、代理、连锁经营；组建寒地黑土绿色物产营销企业和物流集团，在北京等大型城市举行寒地黑土品牌产品展销会，建立寒地黑土绿色食品物流中心；积极开展网上销售、网上招商，面向国内外进行网上交易。

四、品牌整合评价

从进行品牌整合到现在，寒地黑土农产品从种植到产量形成了规模优势，寒地黑土经济已经从资源优势转变为经济优势，共同创造了前所未有的经济价值。寒地黑土农产品的品牌经济效益和社会效益已初步显现，在此有必要对寒地黑土农产品品牌给予评价。

（一）寒地黑土的品牌价值

品牌价值是品牌管理要素中最为核心的部分，也是品牌区别于同类竞争品牌的重要标志，是品牌创建价值与品牌顾客价值的统一体。从品牌创建来看，品牌价值表现为品牌所拥有的稳定的、持续的收益能力；从品牌消费来看，品牌价值是顾客持续购买品牌产品的意愿、态度等相关因素的综合，表现为品牌带给顾客的利益。品牌价值评估则是对这一收益能力预期和顾客消费意愿综合的量化分析。

品牌价值评估有两类：一类是为企业自身产权变动或使用权拓展需要所进行的价值量化。这种价值评估必须依据国家颁布的评估标准，以个案的形式进行。另一类则是用于品牌价值比较的品牌价值量化，需要选择同一标准方法、基准日，进行统一的群体评估。前者被称为交易价值评估，即评估品牌的市场价格；后者可被称为内在价值评估，不用于交易，而是品牌市场竞争力的客观表现。

研究寒地黑土品牌价值应该是对品牌进行内在价值评估。这里所说的品牌收益，指的是品牌在产品销售过程中消费者支付的高于一般产品的以货币形式表现的超额利润。

一般而言，品牌收益往往基于两类不同的管理模式：第一类是品牌产业规模较大，产品种类较多；第二类是品牌产业规模较小，产品种类单一，但溢价较高。在绝大多数情况下，农产品区域公用品牌往往只占领某一个特定领域，如西湖龙井的绿茶、赣南脐橙的脐橙、涪陵榨菜的榨菜等。但寒地黑土则不然，它既包括大米，也包括蜂产品、野生坚果、野生浆果，这就是说寒地黑土品牌不是占领单一的领域而是多个领域的复合，属于第一类管理模式。

目前寒地黑土品牌已有九大系列，共计 200 多个品种，未来计划开发 1 000 多个品种，形成更为丰富的产品组合。虽然产品种类较多，产品之间差别较大，但各类产品有一个共同的特点，即都是食品，是绿色、健康食品。它们有着共同的、相近的消费群体，各个产品序列之间的目标客户相对一致，对于寒地黑土区域的产品集群有较高的认同感。显然，这是寒地黑土品牌能够实现较高品牌收益的基础。在 2009 年有效调查的 200 个品牌中，我国品牌直接收益在 10 亿元以上的仅有两个，寒地黑土便为其中之一。

品牌强度是指品牌带来的持续收益的能力，是一组因子的加权综合。品牌强度乘数与品牌收益的持续性和稳定性成正比，品牌强度乘数越大，品牌的持续收益能力越强，品牌的抗风险能力越强，品牌的竞争力越强，在行业中的地位也相对较高。

（二）寒地黑土的品牌竞争力

1.寒地黑土品牌竞争力评价指标体系

品牌竞争力是某一品牌产品超越其他同类产品的竞争能力，是其他同类产品不易甚至是无法模仿的能力。品牌竞争力不是单一的能力，而是集合的能力，是由产品、企业及外部环境等创造出的不同能力的集成组合。品牌竞争力可以划分为八大层次力，即品牌核心力、品牌市场力、品牌忠诚力、品牌辐射力、品牌创新力、品牌生命力、品牌文化力和品牌领导力，从核心力向领导力依次延伸递进。

值得注意的是，由于产品的特性不同，企业在对品牌竞争力进行研究时，应当根据企业所处的行业环境、企业自身的竞争优势，以及产品的特性等多方面因素对品牌竞争力进行研究。因此，研究寒地黑土品牌竞争力需要根据农产品品牌竞争力等各种影响因素及影响程度来确定集成组合，即评价指标体系。

寒地黑土农产品品牌经营环境不断变化，农产品种类逐渐增加，寒地黑土农产品品牌竞争力的评价应体现动态调整原则。

品牌竞争力是在品牌竞争过程中表现出来的比较能力，如产品的质量、价格、市场占有率等。在研究寒地黑土农产品的品牌竞争力时，要考虑品牌功能因子指标，如品牌功效、品牌安全、品牌价格、品牌服务等。

农产品同工业品一样，也需要一个高端的品牌形象，才能吸引潜在消费者。因此，品牌形象力是寒地黑土品牌竞争力的另一个影响因子，品牌形象力包括口碑传播、广告传播、品牌名称、品牌标识、品牌包装、品牌色彩等。

企业品牌竞争力强大且持久的品牌往往具有较高的品牌认同度、品牌声誉和品牌社会责任，这些要素被概括为品牌社会因子指标。

寒地黑土品牌竞争力的评价还要把品牌情感因子列入其中，品牌情感因子是指品牌依赖、品牌信任和品牌体验。事实上，有时消费者购买某个品牌的产品时，不仅要获得产品的某种功能，更重要的是想要通过品牌表达自己的价值主张，展示自己的生活方式，通过品牌寄托某种情感。

综上所述，寒地黑土品牌竞争力的评价体系包括四个大类的影响因子，即功能价值因子、形象价值因子、社会价值因子、情感价值因子，如表 5-4 所示。

表5-4 寒地黑土品牌竞争力评价指标体系

目标层	一级指标	二级指标
品牌竞争力 U	品牌功能价值因子指标 U_1	品牌功效 U_{11}
		品牌安全 U_{12}
		品牌价格 U_{13}
		品牌服务 U_{14}
	品牌形象价值因子指标 U_2	口碑传播 U_{21}
		广告传播 U_{22}
		品牌名称 U_{23}
		品牌标识 U_{24}
		品牌包装 U_{25}
		品牌色彩 U_{26}
	品牌社会价值因子指标 U_3	品牌认同 U_{31}
		品牌声誉 U_{32}
		品牌社会责任 U_{33}
	品牌情感价值因子指标 U_4	品牌依赖 U_{41}
		品牌信任 U_{42}
		品牌体验 U_{43}

寒地黑土品牌竞争力评价的层次模型最高层为目标层 U（系统所要达到的目标）。中间层为准则层 U_i（实现总目标要遵循的各项准则），最低层为方案层或措施层 U_{ij}（可选的各种方案）。其中，U={ 品牌功能价值因子指标 U_1，品牌形象价值因子指标 U_2，品牌社会价值因子指标 U_3，品牌情感价值因子指标 U_4}；U_1={ 品牌功效 U_{11}，品牌安全 U_{12}，品牌价格 U_{13}，品牌服务 U_{14}}；品牌形象价值因子指标 U_2={ 口碑传播 U_{21}，广告传播 U_{22}，品牌名称 U_{23}，品牌标识 U_{24}，品牌包装 U_{25}，品牌色彩 U_{26}}；品牌社会价值因子指标 U_3={ 品牌认同 U_{31}，品牌声誉 U_{32}，品牌社会责任 U_{33}}；品牌情感价值因子指标 U_4={ 品牌依赖 U_{41}，品牌信任 U_{42}，品牌体验 U_{43}}。

2. 寒地黑土品牌竞争力评价指标权重

一旦确定了递阶层次结构，上下层次之间元素的隶属关系就被确定了。假定上一层次元素 U_i 为准则，所支配的下一层次的元素为 U_{ij}，按它们对于准则 U_i 的相对重要性赋予相应的权重。若各元素的权重不能直接获得，就可以通过在给定的准则下，对元素进行两两比较，即决策者要反复回答问题，针对准则 U_i，两两元素哪一个更重要，重要多少，还要按 1～9 标度对重要性程度赋值。标度对照表如表 5-5 所示。

表 5-5 标度对照表

标度	含义
1	两个元素相比，具有同样重要性
3	两个元素相比，前者比后者稍微重要
5	两个元素相比，前者比后者明显重要
7	两个元素相比，前者比后者强烈重要
9	两个元素相比，前者比后者极端重要
2、4、6、8	上述相邻判断的中间值

一般取 1、3、5、7、9 等五个等级标度；2、4、6、8 表示相邻判断的中值，且表达为：

$$c_{ii} = 1$$

$$c_{ij} = \frac{1}{c_{ji}}$$

且 i, j=1, 2, 3......, n

针对寒地黑土品牌竞争力评价情况进行数据的模拟，运用 AHP 方法对各个评价指标的权重进行计算，以准则层判断矩阵为例，求各个判断矩阵的最大特征根及对应的特征向量，并进行一致性检验，如表 5-6 所示。

表 5-6　寒地黑土品牌竞争力评价指标权重

一级指标	指标权重 Mi	二级指标	指标权重 Mij
品牌功能价值因子指标 U_1	0.57	品牌功效 U_{11}	0.21
		品牌安全 U_{12}	0.28
		品牌价格 U_{13}	0.12
		品牌服务 U_{14}	0.39
品牌形象价值因子指标 U_2	0.19	口碑传播 U_{21}	0.25
		广告传播 U_{22}	0.11
		品牌名称 U_{23}	0.13
		品牌标识 U_{24}	0.15
		品牌包装 U_{25}	0.19
		品牌色彩 U_{26}	0.17
品牌社会价值因子指标 U_3	0.15	品牌认同 U_{31}	0.33
		品牌声誉 U_{32}	0.42
		品牌社会责任 U_{33}	0.24
品牌情感价值因子指标 U_4	0.09	品牌依赖 U_{41}	0.13
		品牌信任 U_{42}	0.46
		品牌体验 U_{43}	0.41

品牌竞争力一级指标计算矩阵的最大特征值：

$$\lambda_{\max} = \sum_{i}^{N} \frac{(AW)_i}{n \times W_i} = 4.243$$

则 $CI = \frac{\lambda_{\max} - n}{n-1} = 0.081$ ， $RI = 1.21$ ， $CR = \frac{CI}{RI} = 0.09 < 0.1$ ，可见一致性检验通过。因此认为准则层 U 判断矩阵具有可以接受的满意一致性。采用同样的方法，计算二级权重，其中 RI 参数如表 5-7 所示。

表 5-7　矩阵对应的指数 *RI* 的值

N	1	2	3	4	5	6	7	8	9
RI	0	0	0.58	0.90	1.12	1.24	1.32	1.41	1.45

3.寒地黑土品牌竞争力评价结果

将农产品区域品牌竞争力高低分为五个等级：V={优秀，良好，一般，较差，很差}。并将五个等级对应一定数字范围，当得分为100时其竞争力水平为优秀，85～100分为良好，70～85分为一般，60～70分较差，60分以下很差，即 V={100，85，70，60，50}。

通过调查问卷，采集到寒地黑土品牌竞争力评价因子数据，如表5-8所示。

表 5-8　寒地黑土品牌竞争力评价调查数据

单位：人

序列	指标	评价的人数 U_j				
		优秀	良好	一般	较差	很差
1	品牌功效 U_{11}	23	37	27	10	3
2	品牌安全 U_{12}	45	33	20	2	0
3	品牌价格 U_{13}	48	39	13	0	0
4	品牌服务 U_{14}	45	39	12	8	0
5	口碑传播 U_{21}	29	42	14	13	2
6	广告传播 U_{22}	40	45	14	1	0
7	品牌名称 U_{23}	24	26	28	11	1
8	品牌标识 U_{24}	40	42	16	2	0
9	品牌包装 U_{25}	52	39	7	2	0
10	品牌色彩 U_{26}	43	37	16	4	0
11	品牌认同 U_{31}	45	46	8	1	0
12	品牌声誉 U_{32}	23	19	38	18	3
13	品牌社会责任 U_{33}	51	20	17	11	1
14	品牌依赖 U_{41}	49	21	17	13	0
15	品牌信任 U_{42}	52	19	13	16	0
16	品牌体验 U_{43}	43	29	17	10	1

寒地黑土农产品品牌竞争力一级指标评判：

$$B_i = M_{ij} \times U_{ij}　，其中$$

$$B_1 = (0.21, 0.28, 0, 12, 0.39) \begin{bmatrix} 23,37,27,10,3 \\ 45,33,20,2,0 \\ 48,39,13,0,0 \\ 45,39,12.8,0 \end{bmatrix} (40.75, 36.9, 17.51, 5.78, 0.63)$$

$$B_2 = (37.96, 38.83, 15.13, 6.15, 0.63) \qquad B_3 = (36.75, 27.96, 22.68, 10.53, 1.5)$$

$$B_4 = (47.92, 23.36, 15.16, 13.15, 0.41)$$

$$M_i B_i = (40.2635, 32.4962, 17.6218, 7.2261, 0.7407)$$

根据本文中设定的数字范围对评价结果进行进一步计算，寒地黑土农产品品牌竞争力分值为：

$$G = \vec{B} V^T = 86.8$$

由此可见，寒地黑土农产品品牌竞争力得分接近于评价集处于良好，其与优秀有一段的距离。同时，寒地黑土农产品在品牌功效、品牌传播、品牌声誉、品牌名称四个方面还有待提高。

（三）寒地黑土品牌的发展空间

品牌价值和竞争力评价研究是对品牌阶段性的总结，也是对品牌未来发展的指向性提示，可以进一步明确品牌的优势和短板。对寒地黑土品牌而言，尽管只有短短十几年的发展历史，但已经奠定了相当坚实的基础，未来应在确保品牌发展稳定性与持续性的基础上，迅速将市场潜力转化为现实收益，最终实现品牌收益预期。这是一个新任务、新命题，也是明晰和挖掘寒地黑土品牌成长空间的有效途径。

第一，继续深度挖掘消费群体，持续开拓市场。引导和促成消费需求的升级和多样化交叉，如使原来只需要大米的一类人，转化成为既需要大米又需要野生菌类产品的消费群体；原来只对蜂产品感兴趣，现在可能会同时也需要野生坚果产品。

第二，不断强化渠道的整合运作与积极拓展。实行积极的渠道拓展战略，

充分利用供销系统的渠道资源优势，选择科学适用的价格策略与产品策略，形成相对于同类竞争产品的竞争优势，实现优质绿色农产品经营和服务的统一，培育打造产供销一体化的产业链。

第三，扩大品牌影响，实现较高的品牌边际利润，增值品牌资产，扩展品牌纵深，延长品牌周期，满足消费者的关联需求，使寒地黑土品牌更契合目标消费者的生活方式和生存状态。

总之，探索农产品品牌的发展整合策略，直接关系到农业的发展、农村的繁荣及农民的幸福。从这个角度来看，寒地黑土品牌的发展与成长，在中国现代品牌农业的发展进程中，也必将能成为最有价值的探索范本之一。

参考文献

[1] 李倩兰. 农产品品牌化经营研究 [D]. 湖南农业大学，2003.

[2] 李倩兰，曾福生. 农产品品牌化经营的经济价值研究 [J]. 湖南大学学报（社科版），2004（05）：18-22.

[3] 陈洪涌. 企业品牌研究 [M]. 北京：中国经济出版社，2007.

[4] 关红. 农产品品牌战略与策略研究 [J]. 杂粮作物，2008（05）：339-340.

[5] 李德立. 中国农业产业化经营的品牌战略研究 [D]. 东北林业大学，2006.

[6] 唐·E.舒尔茨，菲利普·J.凯奇. 全球整合营销传播 [M]. 何西军，黄鹂，张怡，等译. 北京：中国财政经济出版社，2004.

[7] 汤姆·邓肯，桑德拉·莫里亚蒂. 品牌至尊：利用整合营销创造终极价值 [M]. 廖宜怡，译. 北京：华夏出版社，2000.

[8] 吴健安. 市场营销学 [M]. 2 版. 北京：高等教育出版社，2004.

[9] 赵娟. 舒尔茨：整合营销传播理论先驱 [N]. 经济参考报，2007-5-14.

[10] LOWENTAL J N. Reengineering the Organization: A Step by Step Approach to Corporate Revitalization[J]. Quality Progress, 1994(27): 61-63.

[11] 符国群. 中、美、新三国消费者对品牌延伸的评价 [J]. 经济评论，1995（04）：65-69.

[12] HAMMER M. Reengineering Work: Don't Automate-Obliterate[J]. Harvard Business Review, 1990, 68(04):104-113.

[13] KAPLAN B, MURDOCK L . Core Process Redesign[J]. McKinsey Quarterly, 1991, 2(02): 27-43.

[14] KING S. Brand-Building in the 1990s[J]. Journal of Marketing Management, 1992, 9(02):171-172.

[15] BERTHON P, HULBERT M, PITT F. Brand Management Prognostications[J]. Mit Sloan Management Review, 1999, 40(02): 53-65.

[16] VOLPE L, BIFERALI D. Edith Tilton Penrose: The Theory of the Growth of the Firm[J]. Journal of Management & Governance, 2008, 12(01):119-125.

[17] GOBE M. Emotional Branding: The New Paradigm for Connecting Brands to People, Updated and Revised Edition[M]. New York: Alwlorth Press, 2010.

[18] AAKER D. Managing Brand Equity: Capitalizing on the Value of a Brand Name[M]. New York: Free Press/Macmillan, 1991.

[19] DIERICKX I, COOl K. Asset Stock Accumulation and Sustainability of Competitive Advantage[J]. Management Science, 1989, 35(12): 1504-1511.

[20] LIPMAN S. Uncertain Imitability: An Analysis of Interfirm Differences in Efficiency under Cooperation[J]. Bell Journal of Economics, 1982(13):418-439

[21] 李敏. 世界农产品品牌发展的历史、现状及趋势研究 [J]. 北方经贸, 2007（08）: 93-96.

[22] 白光，马国忠. 中国要走农业品牌化之路 [M]. 北京：中国经济出版社，2006.

[23] MERRIHUE J，许爱军. 品牌管理面临新挑战 [J]. 中外管理，2002（11）: 66-68.

[24] 苏东水. 产业经济学 [M]. 北京：高等教育出版社，2000.

[25] 李友华，程国林. 创建农产品名牌 提高市场竞争能力 [J]. 哈尔滨商业大学学报（社会科学版），2002（01）: 31-33.

[26] 奚国泉，李岳云. 中国农产品品牌战略研究 [J]. 中国农村经济，2001（09）: 65-68.

[27] 方湖柳. 打造农产品品牌 提升农产品竞争力 [J]. 宁波大学学报（人文科学版），2003（02）: 132-134.

[28] 熊明华. 地域品牌的形象建设与农业产业化 [J]. 中国农业大学学报（社会科

学版），2004（02）：26-29.

[29] 徐树建，杜忠花. WTO框架下中国农产品品牌经营策略研究 [J]. 农业与技术，2002（04）：12-15.

[30] GARDNER B, LEVY J.The Product and Brand[J]. Harvard Business Review, 1955(03): 33-39.

[31] 瞿艳平，徐建文. 区域品牌建设与农产品竞争力 [J]. 中国农业科技导报，2005（04）：65-67.

[32] 王杜春. 黑龙江省推进农产品品牌建设的几个关键问题 [J]. 商业研究，2006（13）：141-143.

[33] 邱琪. 黑龙江省优势农产品品牌 SWOT 分析 [J]. 佳木斯大学社会科学学报，2005（06）：30-32.

[34] 陈楠，李丽敏. 吉林省农产品品牌整合策略初探 [J]. 长春工业大学学报（社会科学版），2005（02）：3-5.

[35] 徐元珍. 我国农产品品牌与标准化关系研究 [D]. 湖南师范大学，2006.

[36] 王晓燕，王恩涛. 我国农产品加工业强势品牌建设的必要性分析及问题探讨 [J]. 农产品加工（学刊），2008（03）：91-93.

[37] 王咏梅. 品牌战略与企业成长：理论研究案例分析 [M]. 北京：经济科学出版社，2007.

[38] 郭守亭. 对我国实施农产品品牌工程的几点思考 [J]. 农业经济问题，2005(12)：61-64.

[39] 肖双喜. 农产品品牌创建研究 [D]. 安徽农业大学，2004.

[40] 沈正舜. 品牌塑造下农产品品牌推广策略分析 [J]. 安徽农业科学，2008,36(31)：13880-13881，13907.

[41] 周修亭. 农产品品牌推广的主要方式和成功要领 [J]. 蔬菜，2008（01）：38-41.

[42] 柏雪银. 农产品品牌价值评估体系研究 [D]. 东北林业大学，2007.

[43] 刘建军. 吉林省农产品品牌整合研究 [D]. 吉林农业大学，2005.

[44] 菲利普·科特勒. 营销管理: 第 10 版 [M]. 梅汝和, 梅清豪, 周安柱, 译. 北京: 中国人民大学出版社, 2001.

[45] 杨欣. 绥化成为首个国家寒地黑土绿色农业示范市 [EB/OL].（2007-11-11）. https://heilongjiang.dbw.cn/system/2007/11/11/051045202.shtml.

[46] 周发明. 论农产品区域品牌建设 [J]. 经济师, 2006（12）: 235-236.

[47] 余娟, 王方华. 品牌整合: 品牌管理的新方向 [J]. 上海企业, 2001（11）: 56-58.

[48] 李光斗. 品牌竞争力 [M]. 北京: 中国人民大学出版社, 2004.

[49] 黄燕. 乡镇企业的品牌战略 [J]. 中国乡镇企业, 2002（03）: 33-34.

[50] 李光斗. 商业价值观决定品牌高下 [J]. 董事会, 2013（07）: 107.

[51] 曲丛新. 新疆林果品牌竞争力测评指标体系研究 [J]. 农业经济与管理, 2014（01）: 81-87.

[52] 孙松. 顾客价值视角的化肥企业品牌竞争力研究 [D]. 中国海洋大学, 2012.

[53] 沈鹏熠. 基于模糊综合评价法的农产品区域品牌竞争力测评 [J]. 统计与决策, 2012（01）: 80-82.

[54] 王松松, 戚若男, 邱智文. 基于模糊层次分析法的品牌竞争力评价模型 [J]. 衡水学院学报, 2009, 11（04）: 21-24.

[55] 陈丽莉, 易加斌, 刘晓晶. 黑龙江省农产品品牌竞争力评价体系研究 [J]. 商业研究, 2010（06）: 114-118.